To Walies, Spiri[t]... M... (star)
with me Co
August,

PARAMAHANSA YOGANANDA
(1893–1952)

Erfolg im Leben

PARAMAHANSA
YOGANANDA

Der Titel der im Verlag Self-Realization Fellowship, Los Angeles, Kalifornien erschienenen Originalausgabe lautet:
To Be Victorious in Life ISBN 0-87612-456-2

Übersetzung aus dem Englischen: Self-Realization Fellowship

Copyright © 2002 by Self-Realization Fellowship

Alle Rechte vorbehalten. Mit Ausnahme von kurzen Zitaten in Buchbesprechungen dürfen keine Auszüge aus *Erfolg im Leben* (To Be Victorious in Life) in irgendeiner Form ohne schriftliche Erlaubnis der Self-Realization Fellowship, 3880 San Rafael Avenue, Los Angeles, California 90065-3298, USA, weitergegeben oder auf irgendeine Weise reproduziert werden. Dies schließt die Aufnahme oder Wiedergabe durch elektronische, mechanische, fotomechanische oder anderweitige Mittel wie Tonträger jeder Art ein sowie die Speicherung in elektronischen Datenverarbeitungsanlagen und Speichersystemen jeglicher Art.

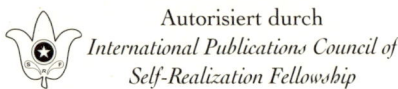

Autorisiert durch
*International Publications Council of
Self-Realization Fellowship*

Der Name und das Emblem der *Self-Realization Fellowship* (siehe oben) erscheinen auf allen SRF-Büchern, -Tonaufnahmen und anderen -Veröffentlichungen, damit der Leser sicher sein kann, daß das jeweilige Werk von der Organisation stammt, die Paramahansa Yogananda gegründet hat und die seine Lehre wahrheitsgetreu wiedergibt.

Erste deutsche Ausgabe 2002
Gebunden, erste Auflage 2002

ISBN 0-87612-457-0
Gedruckt in Korea
13554-54321

INHALT

Teil I

Erweiterung des Bewußtseins führt
immer zum Erfolg....................................... 1

Teil II

Wie man den Weg findet, der zum
Sieg führt... 67

TEIL

I

Erweiterung des Bewußtseins
führt immer zum Erfolg

*D*as Tor zum Himmelreich liegt im feinstofflichen Zentrum des transzendenten Bewußtseins – an der Stelle zwischen den Augenbrauen. Wenn ihr eure Aufmerksamkeit auf dieses Zentrum der Konzentration richtet, wird euch von innen her gewaltige geistige Kraft und Hilfe zuteil. Fühlt, daß euer Bewußtsein sich zum göttlichen Bewußtsein erweitert. Fühlt, daß es dort keine Begrenzungen, keine Anhänglichkeit an den Körper gibt

---

Teil 1 ist eine Zusammenstellung aus Vorträgen über dieses Thema, gehalten im Oktober und November 1939.

– daß ihr euch immer weiter auf das Reich Gottes zubewegt, in das man durch das geistige Auge gelangt.[1]

Betet mit mir: »Himmlischer Vater, öffne mein geistiges Auge, damit ich Einlaß in Dein allgegenwärtiges Reich finde. Vater, laß mich nicht in dieser vergänglichen, leidvollen Welt zurück. Führe mich aus dem Dunkel ins Licht, vom Tod in die Unsterblichkeit, von Unwissenheit zu grenzenloser Weisheit, vom Leid zur ewigen Freude.«

---

[1] Das einfältige Auge der Intuition und der allgegenwärtigen Wahrnehmung im Christus-(*Kutastha-*)Zentrum *(Ajna-Chakra)* zwischen den Augenbrauen. Das geistige Auge ist das Tor, das zu den höchsten göttlichen Bewußtseinsstadien führt. Indem der Gottsucher das geistige Auge erweckt und durchdringt, erlebt er nacheinander die höheren Zustände des Überbewußtseins, Christusbewußtseins und Kosmischen Bewußtseins. Diese Methoden sind Teil der Kriya-Yoga-Meditationswissenschaft, die durch Paramahansa Yoganandas *Lehrbriefe der Self-Realization Fellowship* vermittelt wird.

Die unbegrenzte geistige Kraft in unserem Innern

Während ihr auf diesen verschlungenen und verzweigten Lebenswegen umherwandert, bemüht euch vor allem darum, den Weg zu finden, der zu Gott führt. In lang erprobten Methoden haben die erleuchteten indischen *Rishis* diesen allumfassenden Weg aufgezeigt, auf dem wir unsere Unsicherheit und Unwissenheit überwinden können; wir müssen nur der Spur des göttlichen Lichtes folgen, die sie uns gewiesen haben und die uns geradewegs an das Höchste Ziel führt. Die Lehren der *Self-Realization Fellowship* sind die Stimme der indischen Meister, die Stimme der Wahrheit, die Stimme der wissenschaftlichen Erkenntnis Gottes, die der neuen Welt Verständnis, Gleichberechtigung und Erlösung bringen wird.

Höchste Freiheit und vollkommene Erlösung finden wir nur im Gottesbewußtsein. Wir

Erfolg im Leben

müssen unser Bestes tun, bis wir aus Höchsten Händen die Urkunde unseres Himmlischen Vaters empfangen, die uns zum Sieger über alle Dinge macht. Diese Welt ist nichts weiter als ein Testgelände Gottes, in dem Er uns prüfen will. Er will sehen, ob wir unbegrenzte geistige Kraft in uns entwickeln oder ob wir uns durch materielle Verlockungen begrenzen lassen. Er verhält sich schweigend, und die Wahl bleibt uns überlassen. Ich glaube, wir machen keinen Fehler, wenn wir den Lehren folgen, die Indien uns geschenkt hat und auf die seine Meister sich spezialisiert haben. Indiens höchstes Geschenk an die Welt ist die Kenntnis der stufenartigen Methoden, durch die man Gott finden kann. Wenn ihr die Lehren der Selbst-Verwirklichung befolgt, die ich euch von den indischen Meistern gebracht habe, könnt ihr Gott noch in diesem Leben finden. Das kann ich aus Erfahrung sagen. Beginnt jetzt damit, bevor ihr die Gelegenheit verpaßt und von dieser Erde abberufen werdet.

Erweiterung des Bewußtseins führt immer zum Erfolg

Jedes Wort, das ich zu euch spreche, kommt von Gott. Und alles, was ich euch sage, habe ich selbst erlebt. Wenn ihr diese Methoden anwendet, werdet ihr die Wahrheit meiner Worte erkennen. Ich gebe euch Goldklumpen der Wahrheit, die euch reich im GEIST machen, wenn ihr ganz danach lebt. Während die Welt dahinstürmt, ohne zu wissen, wohin, solltet ihr eure Zeit nicht mit unwichtigen Vorhaben vergeuden. Warum solltet ihr euch um ein wenig mehr Geld und ein wenig bessere Gesundheit bemühen? Das sind Sackgassen. Wir kommen uns so schwach vor; irgend etwas geht fehl und wir brechen zusammen. Doch hinter jedem Knochen und jeder Muskelfaser, hinter jedem unserer Gedanken und Willensakte liegt der unendliche Geist Gottes. Sucht Ihn, dann werdet ihr über alles siegen. Ihr werdet mit einem inneren Lächeln auf die Welt schauen und ihr zeigen, daß ihr etwas gefunden habt, was viel größer ist als materielle Schätze.

Erfolg im Leben

Wahrer Erfolg bedeutet: euer Leben für euch selbst und andere strahlend glücklich zu machen

Nur wenige Menschen wissen, daß wahrer Erfolg durch eine Erweiterung des Bewußtseins erlangt wird. Ihr seid auf diese Welt gekommen, ohne zu wissen, welch wunderbare Fähigkeiten ihr besitzt; die meisten von euch leben dahin, ohne methodisch zu versuchen, ihr inneres Potential zu entwickeln. Folglich ist euer Leben auf diesem Planeten mehr oder weniger unsicher. Doch statt eine solch unsichere Existenz zu führen, die von den Winden eines scheinbar launischen Schicksals umhergeworfen wird, könnt ihr euer Leben richtig planen und das Beste aus euch selbst herausholen – eine Erweiterung des Bewußtseins, die zur vollen Entwicklung aller in euch schlummernden göttlichen Fähigkeiten führt.

Erfolgreich seid ihr dann, wenn ihr euer Bewußtsein derart erweitert habt, daß ihr ein

Erweiterung des Bewußtseins führt immer zum Erfolg

wahrhaft glückliches Leben führt, das auch auf andere Menschen einwirkt. Wenn ihr etwas nur auf Kosten anderer erreicht habt, so kann das nicht als Erfolg bezeichnet werden. Sicher habt ihr schon manchmal, wenn ihr mit dem Auto unterwegs wart, einige »Sonntagsfahrer« bemerkt, die zu langsam fuhren und keinen an sich vorbeiließen. Auch auf der Autobahn des Lebens gibt es einige solcher Sonntagsfahrer. Sie beharren auf ihren selbstsüchtigen Methoden, machen selber keine Fortschritte und geben auch anderen keine Gelegenheit dazu. Ein Beispiel dafür sind Geizhälse, die ihren Reichtum anhäufen, anstatt ihn für das Wohl anderer Menschen einzusetzen. Selbstsucht ist eine der niederträchtigsten menschlichen Schwächen; sie gleicht einem häßlichen Dämon, den man durch die Großmut der Seele besiegen sollte.

Wahrer Erfolg liegt nicht im engherzigen Eigeninteresse, sondern schließt den Dienst an anderen ein. Die Blüte ist zwar an einen Sten-

Erfolg im Leben

gel gebunden, erweitert aber dennoch ihren Wirkungsbereich durch ihre Schönheit und ihren Duft. Einige Blumen verbreiten ihren Duft; andere duften gar nicht und bereiten uns statt dessen durch ihre Schönheit Freude. Bäume erweitern sich dadurch, daß sie kühlen Schatten spenden, prächtige Früchte hervorbringen und das überschüssige Kohlendioxyd für uns in Sauerstoff verwandeln, den wir zum Atmen brauchen. Die ferne Sonne, die am Himmel so klein aussieht, sendet ihre Strahlen weithin aus und gibt uns Licht und Wärme. Die Sterne erfreuen uns durch ihren juwelenartigen Glanz. Alle Ausdrucksformen Gottes in der Natur senden Schwingungen aus, die der Welt auf irgendeine Art dienen. Ihr seid Seine höchste Schöpfung, und was tut ihr für andere? Eure Seelen sind Scheinwerfer unendlicher Kraft. Ihr könnt diese innere Kraft erweitern, um anderen zu Erkenntnis, Gesundheit und Verständnis zu verhelfen.

Einige Personen, die ich kenne, haben sich

Erweiterung des Bewußtseins führt immer zum Erfolg

in all den Jahren nicht geändert. Sie bleiben immer dieselben – so wie Fossilien. Der Unterschied zwischen einem Fossil und einer Pflanze besteht darin, daß das Fossil jetzt genauso aussieht wie vor Millionen Jahren, die Pflanze aber weiterwächst. Ihr solltet einem lebendigen Samenkorn gleichen. Sobald es in die Erde gepflanzt wird, beginnt es, nach oben zu streben und Sonnenlicht und Luft aufzunehmen; dann entwickelt es Äste und wird schließlich zu einem starken Baum, der eine wahre Blütenpracht hervorbringt. Dazu ist auch der Mensch bestimmt: Er ist eine sich ausbreitende geistige Pflanze – kein versteinertes Holz.

Ihr habt die Fähigkeit, blühende Zweige der Kraft und des Erfolges in alle Richtungen wachsen zu lassen; dann kann euer Leben andere inspirieren und seinen Einfluß über den ganzen Kosmos erstrecken. Henry Ford war nur ein unscheinbarer Mann, der in einer kleinen Garage zu arbeiten begann; doch durch

Erfolg im Leben

seine schöpferische Initiative gewann er Einfluß auf die ganze Welt. Dasselbe trifft auf George Eastman zu, der die Kodak-Kamera erfand. Im Himmel gibt es einen besonderen Platz für erfolgreiche Menschen – und sie genießen diesen Himmel. Ich rede von dem, was ich aus eigener Erfahrung weiß. Jeder bedeutende Mensch, der es in dieser Welt zu etwas gebracht hat, indem er die göttlichen Kräfte der Seele entwickelte, genießt auch im Himmel Anerkennung.

Anwendung der göttlichen Gesetze verhilft euch zu Fortschritt und Erfolg

Diese Schöpfung wird nicht von blinden Kräften regiert. Ihr liegt ein intelligenter Plan zugrunde. Wenn Gott den Hunger erschaffen, aber nicht daran gedacht hätte, für Nahrung zu sorgen, um den Hunger zu stillen, was wäre dann aus uns geworden? Es ist unrealistisch zu glauben, daß diese Welt nur das Zufallsergebnis einer Zusammensetzung verschiedener

Erweiterung des Bewußtseins führt immer zum Erfolg

Atome sei – daß hinter diesen Atomen keine leitende Intelligenz stehe. Ganz im Gegenteil, es ist klar ersichtlich, daß Gesetz und Ordnung im Universum herrschen. Euer Leben und alle Leben werden mit mathematischer Genauigkeit von Gottes intelligenten kosmischen Gesetzen regiert. Demzufolge wird kraft des Gesetzes der Handlung oder des Karmas – des Gesetzes von Ursache und Wirkung – alles, was ihr tut, in eurer Seele aufgezeichnet. Je nachdem, was ihr an Arbeit geleistet, was ihr durch eure Willenskraft und Kreativität vollbracht habt, wird euch nach dem Tod ein Paß für verdienstvolle, pflichtgetreue Seelen ausgestellt, der euch in die himmlischen Regionen einläßt. Und wenn ihr euch wieder in dieser Welt reinkarniert, werdet ihr mit denselben geistigen Fähigkeiten geboren, die ihr durch eure früheren Bemühungen entwickelt habt.

Angenommen, jemand wird in diesem Leben mit einem kränklichen Körper geboren und hat weder finanzielle noch andere Vortei-

Erfolg im Leben

le. Dennoch versucht er bis ans Ende seines Lebens, sein Möglichstes zu tun. Da er sich weigert, sein Mißgeschick anzuerkennen, erzeugt er einen dynamischen Magnetismus, mit dem er in seiner nächsten Inkarnation Gesundheit, hilfreiche Freunde, Wohlstand usw. anzieht. Oder nehmen wir an, jemand faßt den Entschluß: »Ich will etwas Außerordentliches tun, um der Menschheit zu dienen«, doch er stirbt, bevor er sein edles Werk durchführen kann. Wenn er wiederkehrt, bestimmt dieser feste Entschluß sein nächstes Leben, und er bringt die nötigen geistigen Kräfte mit, um sein Ziel zu erreichen. All die sogenannten »vererbten« Anlagen und »Glücksfälle« im Leben sind kein launischer Zufall, sondern die gesetzmäßigen Folgen von Ursachen, die man – manchmal in ferner Vergangenheit – durch seine Handlungen in Bewegung gesetzt hat. Darum müßt ihr jetzt etwas unternehmen, um euch zukünftige Erfolge zu sichern.

Wenn ihr das Gesetz des Handelns zur Wirkung bringen wollt, müßt ihr tätig sein. Macht von euren Kräften Gebrauch und verknöchert nicht durch Untätigkeit. Viele Leute sind träge und ohne Ehrgeiz – sie tun nur das Allernotwendigste, um bis zu ihrem Lebensende jeden Tag wenigstens etwas zu essen zu haben. Ein solch faules Dasein kann man kaum Leben nennen. Wirklich leben tut derjenige, der sich für bestimmte Pläne begeistert und mit unverminderter Entschlußkraft ein Ziel in Angriff nimmt. Ihr müßt voller Begeisterung tätig sein, damit ihr im Leben vorankommt und der Welt etwas Wertvolles geben könnt. Weil mein Meister [Swami Sri Yukteswar] mich in der Überzeugung bestärkte, daß ich das werden könne, was ich anstrebe, habe ich mich immer entsprechend bemüht, auch wenn sich alle Kräfte gegen mich stellten.

Viele Menschen haben großartige Gedanken, handeln aber nicht danach. Es ist jedoch die Tatkraft, welche zu wahrer Größe führt. Erst wenn ihr wirklich etwas erreicht habt,

Erfolg im Leben

seid ihr erfolgreich. Es genügt nicht, nur an Erfolg zu denken oder gute Ideen zu haben; diesen Ideen müssen die Taten folgen. Das bloße Denken an ein tugendhaftes Leben macht euch noch nicht tugendhaft. Und das bloße Denken an Erfolg macht euch noch nicht erfolgreich. Ihr mögt sagen: »Ich bin ein bewundernswerter geistig gesinnter Mensch«; doch nur, wenn ihr euch auch geistig verhaltet, seid ihr geistige Menschen. Jede Handlung beginnt in Gedanken – auf der Ebene des Bewußtseins. Um die Gedanken Wirklichkeit werden zu lassen und die unbezwingbare Kraft des Geistes zu erwecken, muß man sie konzentriert und beharrlich mit dynamischem Willen aufladen. An Größe zu denken, ist der erste Schritt; doch dann müßt ihr diesen Gedanken mit eurem Willen aufladen und die entsprechenden Gesetze des Handelns zur Wirkung bringen. »Die Weisen haben dies erkannt; seit alten Zeiten haben sie sich um Erlösung bemüht und pflichtgetreu gehandelt.

Darum erfülle auch du deine Pflicht, ebenso wie es die Alten in vergangenen Zeitaltern getan haben.«[2]

Überwindung innerer und äußerer Hindernisse

In dieser Welt der Relativität – Licht und Dunkel, Gut und Böse – ist es unvermeidbar, daß ihr jedesmal, wenn ihr euch verbessern wollt, auf Gegner trefft. Das bezieht sich auf alle Unternehmungen. In dem Augenblick, wo ihr versucht, etwas zu erreichen, gibt es Widerstand. Sobald die Pflanze den Samen durchbrechen will, setzt ihr zuerst die Erde Widerstand entgegen, dann muß sie sich gegen Insekten behaupten, und dann muß sie stärker sein als das Unkraut, das ihr Nahrung und Wasser wegnimmt. Die Pflanze braucht Hilfe vom Gärtner. Und dasselbe trifft auf mensch-

---

[2] Aus dem Buch *God Talks with Arjuna* (*Bhagavad-Gita* IV, 15).

Erfolg im Leben

liche Wesen zu. Wenn ihr wegen widriger Umstände oder innerer Schwäche nicht die Kraft habt, die Äste des Erfolges am Baum eures Lebens wachsen zu lassen, braucht ihr die Hilfe eines Lehrers, oder Gurus, der euch hilft, die Kraft eures Geistes zu entwickeln. Der Guru lehrt euch die Kunst der Meditation, die Kunst, das Unkraut der begrenzenden Gewohnheiten und des schlechten Karmas auszurotten, das eure Wurzeln erstickt. Ihr müßt diesen Feinden Widerstand leisten; ihr müßt es immer wieder versuchen. Ohne Kampf werdet ihr nichts erreichen. Doch ihr solltet auch niemanden absichtlich durch rücksichtslose Methoden verletzen, um euch durchzusetzen. Ihr sollt die Kraft eures Geistes und eures Willens gebrauchen, um die hindernden Kräfte und Umstände in eurem Leben und die von euch selbst erschaffenen Begrenzungen in eurem Innern zu beseitigen. Dann könnt ihr das werden, was ihr sein wollt, und das erreichen, was ihr euch vorgenommen habt.

Erweiterung des Bewußtseins führt immer zum Erfolg

Vergeßt nicht, daß ihr große Kräfte besitzt. Unmittelbar hinter eurem Bewußtsein liegt die Allmacht Gottes. Doch anstatt Gebrauch von dieser göttlichen Kraft zu machen, habt ihr eine hohe Mauer zwischen euch und Seiner Kraft aufgebaut. Eure Konzentration ist immer nach außen gerichtet – abhängig vom physischen Körper und der Welt – und nicht nach innen auf den in euch wohnenden Gott.[3] Deshalb glaubt ihr, Begrenzungen zu unterliegen.

Ein kraftvoller Geist führt zu größerem Erfolg

Was ist nun aber der Weg zum Wachstum, der Weg zum Fortschritt? Er besteht darin, nach innen zu schauen und von euren geistigen Kräften Gebrauch zu machen. Jeder von

---

[3] »Ihr aber seid der Tempel des lebendigen Gottes; wie denn Gott spricht: ›Ich will unter ihnen wohnen und unter ihnen wandeln und will ihr Gott sein, und sie sollen mein Volk sein.‹« *(2. Korinther 6, 16)*

Erfolg im Leben

euch kann das tun. Beginnt noch heute damit. Der Geist ist dabei das Ausschlaggebende; er ist Gottes Werkzeug, durch das alles erschaffen wird. Er ist höchst anpassungsfähig und kann jedes Gedankenmuster verwirklichen. Der Geist erschafft Gesundheit und Weisheit, Krankheit und Unwissenheit. Was anderes ist Krankheit als der Gedanke an Krankheit? Was anderes ist Unwissenheit als der Gedanke an Unwissenheit? Was anderes ist Fehlschlag als der Gedanke an Fehlschlag? Ich habe mich mit allen Lebenswegen beschäftigt und festgestellt, daß Menschen deshalb erfolglos sind, weil sie die Kraft ihres Geistes nicht entwickelt haben.

Wenn ihr in irgendeiner Sache lohnenswerten Erfolg haben wollt, müßt ihr eure geistigen Kräfte entwickeln. Sobald ihr das tut, entwickelt sich auch euer Magnetismus – jene Kraft, welche die richtigen Gelegenheiten und Personen anzieht, die euch zum Erfolg verhelfen. Wertvolle Beziehungen sind wichtig für

Erweiterung des Bewußtseins führt immer zum Erfolg

euch. Ihr wünscht euch sicher, daß eure Freunde (Angehörige oder Bekannte, die euch schätzen und unterstützen) sich an euren Erfolgen mitfreuen und an eurem Glück teilnehmen. Eure hochentwickelte Geisteskraft und euer Magnetismus wird euch solche Freunde zuführen, die euer Leben sinnvoller machen. Tragt euer Teil dazu bei, indem ihr Freundschaften schließt, die beständig sind, und indem ihr selbst ein treuer Freund seid. Bemüht euch, ein besserer Mensch zu werden. Der Herr hat euch als etwas Einzigartiges erschaffen. Niemand anders hat genau dieselben Fähigkeiten, die ihr besitzt. Ihr habt ein Gesicht und einen Verstand, die kein anderer hat. Ihr solltet stolz auf euch sein und andere nicht beneiden oder euch selbst bemitleiden. Seid direkt, furchtlos, aufrichtig, gütig, mitfühlend, verständnisvoll und an anderen interessiert, ohne aufdringlich und neugierig zu sein. Die verborgenen Schwingungen eurer geistigen Kraft und eures Magnetismus werden andere

Erfolg im Leben

Menschen von eurem lauteren Charakter überzeugen.

Brecht aus der Zelle eurer Begrenzungen aus

Die übliche Ansicht ist: »Ich bin so, wie ich bin, und kann nicht anders sein.« Wer das glaubt, ist dazu verurteilt, so zu bleiben! Wenn ihr euch sagt: »Ich habe zwar einige Fähigkeiten, aber mehr kann ich nicht tun«, könnt ihr sicher sein, daß ihr dort steckenbleibt, wo ihr seid. Ihr vergeßt, daß ihr in eurer Jugend voller Ehrgeiz gewesen seid und von der Überzeugung angefeuert wurdet, daß ihr »die Welt erobern« könnt. Doch allmählich hat euch die Welt eingeengt; ihr habt euch von den Feinden des Pessimismus, der Trägheit und negativen Vorurteile besiegen lassen, die eure guten Fähigkeiten auf Eis legten. Bleibt nicht für den Rest eures Lebens in dieser engen Zelle.

Es gibt einen Weg, der in die Freiheit führt. Einer kleinen Nation, die von Feinden umge-

Erweiterung des Bewußtseins führt immer zum Erfolg

ben ist, fällt es schwer, Unabhängigkeit zu erreichen oder ihr Territorium zu erweitern. Das ist deshalb so, weil sich die Hindernisse außerhalb befinden. Will man geistige und seelische Unabhängigkeit erlangen, braucht man dazu keine äußeren Hindernisse zu beseitigen. Ihr selbst seid die Barriere – ihr und die schlechten Gewohnheiten, die ihr euch angeeignet habt. Ihr schaut nur auf eure Begrenzungen und auf die geistigen Hecken, die ihr angepflanzt habt. Aus freiem Willen habt ihr euch zu Gefangenen gemacht und eure Entwicklung gehemmt. Doch ihr könnt alle Schranken, die ihr errichtet habt, beseitigen und vernichten – vorausgesetzt, ihr tut dies auf die richtige Weise.

Das Bewußtsein des Durchschnittsmenschen gleicht einer Hütte; diese ist sein Reich. Er sieht vielleicht noch über den Zaun, hat aber nicht den Wunsch, seinen Horizont zu erweitern. Einige Leute sind geistig und seelisch auf winzigem Raum eingeschlossen; und was sie anstreben, beschränkt sich auf die üblichen dogmatischen Überzeugungen. Diese »wandelnden Toten« glauben nicht daran, daß sie neue Gebiete erobern könnten.

Wißt ihr auch, daß jeder von euch das Potential zu einem geistigen Riesen hat – zu einem geistigen Gegenstück des machtvollen Dschingis-Khan, eines der erfolgreichsten Eroberer der Geschichte? Weltliche Eroberungen sind natürlich nicht gutzuheißen, wenn sie Blutvergießen und Leid mit sich bringen. Man kann weltliche Gebiete erobern und über ein wohlhabendes Königreich regieren und dennoch ein Sklave des Elends und der Angst sein. Wahrhaft siegreich ist derjenige, der Herr über sein Ich wird – der sein begrenztes Bewußtsein und seine seelischen Fähigkeiten ins Grenzenlose erweitert. Dabei könnt ihr so weit gehen, wie ihr wollt, alle Begrenzungen hinter euch lassen und über alle Hindernisse im Leben siegen.

Brecht aus der geistigen Zelle der Unwissenheit aus, in der ihr gefangenliegt. Ändert eu-

Erweiterung des Bewußtseins führt immer zum Erfolg

er Denken! Begrenzt euch nicht dadurch, daß ihr euch für alt und schwach haltet. Wer sagt, daß ihr alt seid? Ihr seid nicht alt. Als Seelen seid ihr ewig jung. Prägt eurem Bewußtsein diese Überzeugung ein: »Ich bin die Seele, eine Widerspiegelung des ewig jugendlichen Geistes. Ich bin von jugendlichem Ehrgeiz erfüllt und habe die Kraft, Erfolge zu erringen.« Eure Gedanken können euch sowohl eingrenzen als auch frei machen. Ihr seid euer eigener schlimmster Feind und euer eigener bester Freund. Euch ist die Kraft verliehen worden, alles zu erreichen, was ihr euch wünscht – vorausgesetzt, ihr bringt die richtige Motivation auf und seid bereit, die mentalen Blockaden zu beseitigen, die eure Überzeugung behindern.

Das Mittel gegen die Vorstellung: »Ich kann nicht!«

Ich kenne schwerkranke Menschen, die sich dennoch entschlossen haben, etwas zu vollbringen. Ihr schmerzender Körper hat sie immer wieder davon abzuhalten versucht, doch sie überwanden diese physischen Hindernisse und bemühten sich unaufhaltsam weiter; schließlich erreichten sie durch reine Geisteskraft ihr Ziel. Und ich kenne andere, die strahlende Gesundheit, aber nur ein Spatzengehirn haben. Ganz gleich, wie sehr jemand versucht, sie von etwas anderem zu überzeugen, sie sagen immer: »Das kann ich nicht.« Sie haben eine mentale Barriere, die ihnen einredet, sie seien unfähig. Und wieder andere besitzen sowohl Gesundheit als auch Intelligenz, sind aber nicht erfolgreich, weil sie sich von ihren schlechten Gewohnheiten blockieren lassen. Ob es sich um körperliche, geistige oder seelische Ursachen handelt, jeder Fehlschlag beginnt mit der Erklärung: »Das kann ich nicht.« Derart ist die Kraft des Geistes und die Schwingungskraft der Worte. Wenn ihr euch einredet: »Das kann ich nicht«, kann niemand in der ganzen Welt euren Beschluß ändern. Ihr selbst müßt diesen lähmenden Feind vernichten, der ständig sagt: »Das kann ich nicht«.

Es gibt ein Gegenmittel für das »Ich kann nicht«, und das ist die Bestätigung: »Ich kann!« Stellt dieses geistige Gegenmittel in eurem Geist her und flößt es eurem Willen ein.

Außerdem muß noch ein anderes als Begleiterscheinung auftretendes Hindernis überwunden werden, und zwar der Satz: »Ich kann es, aber ich *will* es nicht.« Viele haben diese Einstellung, weil es viel bequemer ist, ruhig dazusitzen und nichts zu tun. Das schlimmste Vergehen gegen euren Fortschritt und Erfolg ist geistige Trägheit. Körperliche Trägheit ist entschuldbar, wenn ihr schwer gearbeitet habt und der Körper Ruhe braucht. Doch geistige Trägheit ist absolut nicht zu entschuldigen, denn sie verknöchert den Geist. Überwindet eure Trägheit, und anstatt zu sagen: »Ich will nicht«, entschließt euch zu folgendem: »Ich sollte das tun, und ich muß das tun, und ich will das tun.« Dann wird sich der Erfolg mit Sicherheit einstellen.

Erfolg im Leben

Werft alle negativen Gedanken ab. Befreit euch von der Vorstellung, daß ihr dies oder das nicht schaffen könnt, indem ihr einfach damit beginnt, es zu tun. Und dann fahrt immer weiter damit fort. Die Umstände werden versuchen, euch in die Knie zu zwingen und zu entmutigen, so daß ihr wieder sagen wollt: »Ich kann es ja doch nicht.« Wenn es einen Teufel gibt, so heißt er »Ich kann nicht!« Das ist der Satan, der euren Dynamo ewiger Kraft abgeschaltet hat und der hauptsächlich dafür verantwortlich ist, daß ihr keinen Erfolg im Leben habt. Verbannt diesen Dämon aus eurem Bewußtsein durch die unbezwingbare Überzeugung: »Ich *kann* es schaffen!« Glaubt daran und wiederholt diese Worte, sooft ihr könnt. Glaubt innerlich daran und stärkt diesen Glauben durch eure Willenskraft. Arbeitet! Und während ihr arbeitet, gebt nie den Gedanken auf: »Ich kann es schaffen.« Auch wenn sich euch tausend Hindernisse in den Weg stellen, gebt nicht auf. Wenn ihr diese Art von Ent-

Erweiterung des Bewußtseins führt immer zum Erfolg

schlossenheit besitzt, muß das, was ihr anstrebt, auch gelingen. Und dann werdet ihr sagen: »Es war eigentlich ganz einfach.«

Warum solltet ihr also der Trägheit nachgeben und euch mit einer Kruste von Unwissenheit umgeben? Ist es nicht besser, diese Kruste des »Ich kann nicht« aufzubrechen und die frische Luft des »Ich kann« einzuatmen? Dann werdet ihr wissen, daß der Geist allmächtig ist, daß sich alles, was euer Geist sich vorstellen kann, auch verwirklichen läßt. Es gibt kein anderes Hindernis für euch als die Vorstellung, daß ihr etwas »nicht könnt«. Ist der Weg der Bewußtseinserweiterung, den ich euch hier zeige, nicht wunderbar? Die Worte »Ich kann, ich muß und ich will« werden eine Wandlung in euch bewirken und euch einen absoluten Gewinn bringen.

Gott hat euch geistiges Dynamit mitgegeben

Ihr werdet nie siegen, wenn ihr euch nicht darum bemüht. Gott hat euch genug geistiges

Erfolg im Leben

Dynamit mitgegeben, um all eure Schwierigkeiten zu zertrümmern. Vergeßt das nie! Es ist die wirksamste Kraft, die ihr einsetzen könnt, um Erfolg im Leben zu haben, um die Ketten der begrenzenden Schwächen und Gewohnheiten zu sprengen und mit Hilfe eures erweiterten Bewußtseins alles Geplante zu vollbringen. Wollt ihr wandelnde Tote bleiben – bereit, unter den Trümmern eurer Irrtümer ins Grab zu sinken? Gewiß nicht! Tut etwas für diese Welt – irgend etwas Wunderbares! Alles, was ihr tut, wird von Gott anerkannt. Und selbst wenn die Welt euch nicht anerkennt, ihr aber das Bestmögliche getan habt, wird eure Seele diese neu erweckte geistige Kraft speichern. Wohin ihr auch geht – in diesem Leben oder im jenseitigen – ihr werdet diese unbesiegbare Einstellung beibehalten. Krishna ermahnte den Prinzen und Krieger Arjuna: »O Schrecken der Feinde, wirf diese Mutlosigkeit ab und erhebe dich!«[4]

---

[4] *Bhagavad-Gita* II, 3.

Erweiterung des Bewußtseins führt immer zum Erfolg

Ich habe mein ganzes Leben lang von dieser Kraft des Geistes Gebrauch gemacht und gesehen, wie wirksam sie ist. Auch ihr solltet, wenn ihr krank seid oder Fehlschläge erlebt, tief meditieren und innerlich wiederholen: »Allmächtiger Vater, ich bin Dein Kind. Ich werde meine angeborenen geistigen Kräfte und meinen Willen gebrauchen, um die Ursachen des Fehlschlags zu beseitigen.« Ruft diese geistigen Kräfte jeden Abend wach, wenn die weltlichen Zerstreuungen abklingen und euer Geist durch Meditation, Gebet und Gottverbundenheit gestärkt und voll konzentriert ist.

Was kann ich euch sonst noch sagen? Diese Gedanken sind praktisch; sie sind wirksam. Und wenn ihr entschlossen seid, sie anzuwenden, und euch entsprechend bemüht, dann *sind* sie auch wirksam. Ihr könnt eure Schwierigkeiten überwinden; ihr könnt die Barrieren der Unwissenheit niederreißen, die euch seit Inkarnationen den Weg versperrt haben. Ihr

Erfolg im Leben

werdet wissen, daß der Tod euch – als unsterbliche Kinder Gottes – nicht töten kann; noch kann eine Geburt in diesem fleischlichen Käfig die euch innewohnende transzendente Kraft hemmen.[5] Ihr müßt die Seele durch die Seele erlösen, damit euch – ganz gleich, wo ihr euch befindet – die unbezwingbaren göttlichen Kräfte des Geistes und des Willens zur Verfügung stehen, die jedes Hindernis aus dem Weg räumen.

Materielle Errungenschaften bedeuten keinen wahren Erfolg

Fragt euch einmal, was der Sinn eures Lebens ist. Ihr seid Gottes Ebenbild; das ist euer

---

[5] »Keine Waffe kann die Seele durchbohren; kein Feuer kann sie verbrennen; es kann kein Wasser sie nässen; noch kann sie im Winde verdorren. Die Seele ist unteilbar; sie kann nicht verbrannt, durchnäßt und ausgetrocknet werden. Die Seele ist unwandelbar, alldurchdringend, ewig ruhig und fest gegründet – sie bleibt sich ewig gleich.« *(Bhagavad-Gita II, 23 – 24)*

Erweiterung des Bewußtseins führt immer zum Erfolg

wahres SELBST. Dieses Ebenbild Gottes in euch zu erkennen bedeutet höchsten Erfolg – unendliche Freude, Erfüllung aller Wünsche, Sieg über alle körperlichen Schwierigkeiten und alle Anfeindungen der Welt.

Das menschliche Leben ist ständigen Problemen unterworfen. Jeder hat andere Probleme, mit denen er fertig werden muß: Bei 1,5 Milliarden Menschen auf dieser Erde bedeutet das 1,5 Milliarden verschiedene Probleme, mit denen diese sich täglich befassen müssen. Einige sind herzkrank, andere haben eine Erkältung; einige haben zuviel Geld, andere haben gar keins; einige neigen zu Zorn, andere wirken stumpfsinnig und gleichgültig. Wer aber ist glücklich? Wahrer Erfolg läßt sich am eigenen Glück messen. Was eure Stellung im Leben auch sein mag, seid ihr glücklich?

Unter Erfolg verstehen die meisten Menschen Reichtum und Freunde und wunderbare Besitzgegenstände – ein sogenanntes »angenehmes Leben«. Doch materielle Errungen-

Erfolg im Leben

schaften bedeuten nicht immer wahren Erfolg, denn materielle Verhältnisse und äußere Umstände können sich leicht ändern. Heute mögt ihr reich sein – und morgen arm. Denkt also nicht, daß ihr erfolgreich seid, nur weil ihr zu den Millionären gehört.

Vielleicht rackert ihr euch ab, um geschäftliche Erfolge zu erzielen; doch bevor ihr es merkt, wird euer Leben unausgeglichen, so daß ihr keine Zeit mehr habt, euren Lieblingsbeschäftigungen nachzugehen – und vor lauter Sorgen und Nervosität büßt ihr eure Gesundheit ein. Plötzlich bedeutet euch der ganze Erfolg nichts mehr, und ihr seht, daß ihr euer Leben vergeudet habt. Oder ihr konzentriert euch vor allem auf einen gesunden Körper, seid aber so arm, daß ihr kaum das Nötigste zum Leben habt. Ihr mögt sogar beides besitzen – Gesundheit und Wohlstand – und dennoch keine innere Erfüllung finden. Wer nur für den Körper und das Ego sorgt, wird nie die Seele befriedigen können. Ihr mögt alle möglichen Dinge besitzen und eines Tages dennoch feststellen, daß sie wertlos sind, weil sie euch kein Glück gebracht haben. Wenn ihr nicht von Herzen glücklich seid, dann seid ihr auch nicht erfolgreich.

Sehr wenige jedoch können glücklich sein, wenn sie nicht wenigstens eine gewisse finanzielle Sicherheit haben und einigermaßen gesund sind. Die meisten Menschen brauchen etwas, das sie glücklich macht. Ihr Glück hängt von äußeren Umständen ab, weil ihr Geist noch nicht ausreichend geschult ist, daß er von innen heraus bedingungslos glücklich sein kann. Ihr meint, ihr wäret glücklich, wenn ihr all die Dinge besäßet, die eurer Ansicht nach dazu nötig sind. Doch jeder Wunsch erzeugt neue Wünsche; und wenn ihr eure Wünsche ständig vermehrt, werdet ihr nie Zufriedenheit finden. Ihr kauft etwas, weil ihr meint, daß ihr das unbedingt haben müßtet; doch wenn ihr es einmal besitzt, bedeutet es euch nicht mehr viel, und ihr wünscht euch etwas Besseres.

Erfolg im Leben

Ganz gleich, wie oft dies schon geschehen ist, ihr habt immer wieder den Drang, etwas Neues zu kaufen, weil ihr meint, daß es zu eurem Glück nötig sei. Erfolg liegt in der Kunst, innerlich zufrieden zu sein. Besorgt euch das, was ihr braucht, und seid dann mit dem zufrieden, was ihr habt.

Unterliegt nicht der Versuchung, über eure Verhältnisse zu leben

Es gibt impulsive Käufer, die aus Gewohnheit Dinge kaufen, die sie gar nicht benötigen. Sie verpuffen all ihre Ersparnisse. Macht es euch zur Gewohnheit, vorsichtig und wohlüberlegt einzukaufen. Wenn ihr etwas Geld übrig habt, so legt es zurück. Fallt auf keine Hochstapler herein, die euch dazu überreden wollen, eure Ersparnisse für etwas Neues, Aufsehenerregendes auszugeben, das man »unbedingt haben muß«, oder eine »absolut sichere« Kapitalanlage zu machen. Immer wenn man euch mit großer Redegewandtheit etwas anpreist, denkt an die Geschichte vom Fuchs und der Krähe. Die Krähe hatte etwas Leckeres im Schnabel, das der Fuchs haben wollte. Deshalb sagte der schlaue Fuchs: »Sing mir doch bitte etwas vor, liebe Krähe, du hast eine solch wunderbare Stimme.« Die Krähe fühlte sich geschmeichelt und begann zu singen; doch sowie sie den Schnabel öffnete, fiel der Leckerbissen heraus. Der durchtriebene Fuchs schnappte ihn auf und rannte davon. Traut niemandem, der euch mit psychologischen Mitteln manipulieren möchte; er erhofft sich Vorteile von euch. Laßt euch nie durch Schmeichler beschwatzen, etwas haben zu wollen, was nicht zu eurem wahren Glück und Erfolg beiträgt.

Vereinfacht euer Leben, und macht euch nicht von so vielen Besitzgegenständen abhängig. Wer sich jeden Wunsch erfüllt, bringt sich dadurch automatisch ins Unglück. Ich möchte einen Vergleich zwischen der Zivilisation Amerikas und derjenigen Indiens ziehen. All die fortschrittlichen Einrichtungen, die ich mir für Indien gewünscht hätte, damit seine Armut und das körperliche Leid dort gelindert werden, sind hier vorhanden. Aber ich sehe auch, daß die meisten der sogenannten erfolgreichen Leute in Amerika trotz ihres Reichtums genauso unglücklich sind wie die wenig begüterten Menschen in Indien.

Das Leben im Westen ist so kompliziert, daß ihr kaum Zeit habt, irgend etwas zu genießen. Wenn ihr aber eure Lebensweise unter die Lupe nehmt, werdet ihr feststellen, daß ihr manches vereinfachen könnt, ohne daß ihr etwas entbehrt. Denkt nur einmal, wie töricht es ist, sich immer mehr Luxusdinge auf Raten zu kaufen. Spart erst das Nötige zusammen, und bezahlt nachher alles auf einmal; dann braucht ihr euch keine Gedanken mehr über Abzahlungen und deren hohe Zinsen zu machen. Natürlich soll man auch anderen Menschen zu guten Geschäften verhelfen – solchen, die durch den Verkauf von Waren ihren Lebensunterhalt verdienen. Gebt aber nie der Versuchung nach, über eure Verhältnisse zu leben; wenn ihr dann in der Klemme sitzt, ist auf einmal alles verloren.

Legt von jedem Monatsgehalt etwas zurück. Ohne Ersparnisse zu leben, ist eine Schwäche, die leicht Unglück anrichtet. Besser ist es, sich mit einem kleineren Auto und einem bescheideneren Haus zufriedenzugeben, dafür aber ein Bankkonto für Notfälle anzulegen, die sicherlich irgendwann eintreten werden. Alles, was man verdient, auszugeben – nur um sich etwas Neues oder Luxusgegenstände zu kaufen –, ist ein großer Fehler. Ich bin der Meinung, daß beide Ehepartner ein getrenntes und außerdem noch ein gemeinsames Sparkonto haben sollten, das ihnen für unerwartete Notfälle zur Verfügung steht.

Das Sparen ist eine Kunst und erfordert auch Opfer. Wenn ihr jedoch sparsam einkauft und einfach lebt, könnt ihr jede Woche oder jeden Monat etwas zurücklegen. Ich habe beob-

Erfolg im Leben

achtet, daß sich viele arbeitende Menschen unnötige Dinge kaufen und folglich immer Schulden haben. Ein mir bekanntes Ehepaar hatte ein wunderschönes Haus in Florida; und immer, wenn sie etwas sahen, das ihnen gefiel, kauften sie es auf Raten. Doch dann kam eine Zeit, da ihnen dieses Haus nur noch schreckliche Sorgen bereitete. Da sagte ich ihnen: »Diese Dinge gehören Ihnen ja gar nicht. Sie besitzen sie nicht. Sie haben sie sich nur auf Kredit geliehen. Warum haben Sie dann Angst, sie zu verlieren? Warum leben Sie nicht einfacher – ohne die ständigen Sorgen, die Ihnen Ihren Frieden und Ihre Freude rauben?« Wegen ihrer hohen Schulden verloren sie schließlich tatsächlich alles. Sie mußten wieder höchst einfach leben und ganz von vorn anfangen.

Es ist möglich, sich an vielen guten und schönen Dingen im Leben zu erfreuen, ohne sie zu besitzen; das ist besser, als sich von Nervosität und Sorgen niederdrücken zu lassen, weil man nicht weiß, wie man diese Dinge be-

Erweiterung des Bewußtseins führt immer zum Erfolg

zahlen soll. Viele Wünsche können auf diese Weise erfüllt werden.

Prüft eure Wünsche, bevor ihr sie euch erfüllt

Ein edler Wunsch gleicht einem göttlichen Streitroß; es führt euch nicht ins Tal der Finsternis, sondern zum Reich Gottes. Untersucht jeden eurer Wünsche, um festzustellen, ob er zu eurem geistigen Wohl und Fortschritt beiträgt. Alles, was euch von der Versklavung an materielle Dinge befreit und in das Reich wahren Glückes führt, ist ein guter Wunsch. Jeder Beweggrund ist gut, wenn er eine Blüte göttlicher Eigenschaften hervorbringt und das Verständnis fördert. Wenn jemand euch verletzt und ihr ihm vergebt, nähert ihr euch dem Reich Gottes. Wenn jemand streitsüchtig ist und ihr Verständnis für ihn zeigt, nähert ihr euch dem Reich Gottes. Wenn jemand leidet und ihr Mitgefühl für ihn zeigt und ihm helft, seid ihr Gott bereits sehr nahe.

Erfolg im Leben

Wahrer Erfolg hängt von den richtigen Wünschen ab – und nicht von dem Versuch, euch auf Kosten anderer zu bereichern. Reichtümer, die ihr durch verwerfliche Mittel erwerbt, mögen äußerlich als Erfolg erscheinen; doch innerlich wird eure Seele keinen Frieden finden. Euer Bewußtsein gleicht einem Schuh: Ein Schuh, der nicht paßt, mag dennoch hübsch aussehen; doch ganz gleich, wie vorsichtig ihr geht, ihr merkt ganz deutlich, wo er drückt. Wer vor seinem eigenen Gewissen bestehen kann, besteht auch vor Gott. Laßt euch nicht von eurem Gewissen für schuldig erklären. Wenn euer Gewissen rein ist, könnt ihr weltlichen Meinungen widerstehen. Ganz gleich, wie finster es um euch herum ist, ihr werdet aus dem Dunkel herausfinden. Materiell gesinnte, ehrgeizige Leute verfolgen ihre selbstsüchtigen Pläne um jeden Preis – ganz gleich, mit welchen unrechten Methoden. Doch was sie dadurch auch erreichen mögen, sie sind nie wirklich erfolgreich, weil sie nie

Erweiterung des Bewußtseins führt immer zum Erfolg

glücklich sind. Wenn ihr Erfolg haben wollt, bemüht euch auf ehrliche Weise darum.

Wahrer Erfolg bedeutet, daß man solche Dinge erreicht und sich solche Wünsche erfüllt, die förderlich sind – die dem eigenen körperlichen, geistigen und seelischen Wohl nützen. Sobald irgendein Verlangen in euch aufsteigt, fragt euch, ob dies ein förderlicher Wunsch ist oder nicht. Lernt zwischen solchen Beweggründen zu unterscheiden, die gut für euch sind, und solchen, die es nicht sind. Macht Gebrauch von eurer Vernunft und eurer Unterscheidungskraft, wenn ihr Erfolg haben und eure Wünsche befriedigen wollt.

Ein erfolgreicher Mensch zeichnet sich durch Selbstbeherrschung aus

Harmlose Vergnügen sind in Ordnung; doch solche, die Körper und Geist schaden, sind schlecht. Alles, was euch versklavt, kann nicht gut sein. Unser Wohlbefinden und dauerhaftes Glück hängen von unserer Selbstbe-

Erfolg im Leben

herrschung ab. Das heißt, wir sollen das, was wir tun sollten, auch tun, und zwar dann, wann wir es tun sollten; und wir sollten das, was wir nicht tun sollten, strikt vermeiden. Der erfolgreiche Mensch zeichnet sich durch Selbstbeherrschung aus; er ist nicht abhängig von Launen und Gewohnheiten. Vollkommene Herrschaft über euch zu besitzen bedeutet, zur rechten Zeit das zu essen, was ihr essen solltet, und nicht zu essen, wenn ihr nicht essen solltet. Wenn ihr unter Menschen seid, widmet euch ihnen von ganzem Herzen; und wenn ihr Zeit braucht, um allein zu sein, zieht euch zurück. Wenn ihr eure Zeit weise gebraucht und mit richtiger Tätigkeit erfüllt, erhält euer Leben einen tieferen Sinn, denn es ist eine Erweiterung eures eigenen Selbst. Weltliche Menschen werden versuchen, euch kostbare Zeit zu stehlen und euch auf ihre Ebene herabzuziehen. Warum wollt ihr euch für so etwas Sinnloses hergeben? Nehmt euch Zeit für eine Innenschau, damit ihr euch höherentwickelt,

Erweiterung des Bewußtseins führt immer zum Erfolg

und auch Zeit für schöpferisches Denken und tiefe Kontemplation; auf diese Weise werdet ihr Meister euer selbst.

Wenn euch jemand fortwährend stört, obgleich ihr allein sein wollt, oder wenn ihr die Unstimmigkeiten innerhalb der Familie für einige Zeit vergessen wollt, sucht einen friedlichen Ort auf und lauscht dort den sanften Klängen der Natur und der Stimme Gottes in eurem Innern. Alles Glück, das ihr sucht, liegt in euch selbst – denn ihr seid Gottes Ebenbild. Warum wollt ihr euch mit den Imitationen des Glückes begnügen, die im Trunk, im Fernsehen und in sinnlichen Befriedigungen liegen? So macht es die übrige Welt. Wahres Glück braucht keine Vermittler. Ein philosophischer Dichter hat sehr weise gesagt: »Wer nichts hat, hat alles.«

Laßt euch von keinen Herausforderungen und Prüfungen überwältigen

Ihr könnt lernen, willentlich glücklich zu sein und – ganz gleich, was geschieht – inner-

Erfolg im Leben

lich an eurem Glück festzuhalten. Einige Leute lassen sich von ihren Prüfungen völlig niederschmettern, andere lächeln trotz aller Schwierigkeiten. Wahren Erfolg im Leben haben diejenigen, die unbesiegbaren Geistes sind. Wenn ihr euren Geist so schulen und vorbereiten könnt, daß ihr immer zufrieden seid, ganz gleich, was ihr habt oder nicht habt, und wenn ihr angesichts aller herausfordernden Prüfungen ruhig bleibt – dann ist das wahres Glück. Angenommen, ihr leidet unter einer furchtbaren Krankheit; sobald ihr einschlaft, seid ihr glücklicherweise frei davon. Nehmt euch vor, jederzeit geistige Überlegenheit zu zeigen und um jeden Preis glücklich zu sein. Jesus konnte seinen Geist so vollkommen beherrschen, daß er bereitwillig die Kreuzigung auf sich nahm und seinen Körper nach dem Tode sogar auferstehen ließ. Das war ein Beispiel allerhöchsten Erfolges. Seine vorbehaltlose Freude in Gott ist jener Erfolg, den jeder von uns schließlich einmal erreichen soll. Er

Erweiterung des Bewußtseins führt immer zum Erfolg

besteht darin, Herr euer selbst zu sein und die Seele über euer Leben regieren zu lassen.

Prägt eurem Geist ein: »Ich bin hier Chef. Ich will *jetzt* glücklich sein, nicht erst morgen – nicht erst unter diesen oder jenen Voraussetzungen.« Wenn ihr euch befehlen könnt, willentlich glücklich zu sein, werdet ihr Gott näherkommen; denn Er ist der Urquell, dem alle Bächlein der Freude entspringen. Ihr ahnt gar nicht, welche Kraft dem Geist innewohnt. Wenn ihr glücklich seid, erzeugt das eine positive Schwingung, die Gesundheit und Geld und Freunde anziehen kann – alles, was ihr euch wünscht. Wenn ihr dagegen nicht glücklich seid, wenn ihr eine negative Einstellung habt, ist euer Wille gelähmt. Jeder Erfolg hängt davon ab, ob ihr das, was ihr braucht, durch euren starken, positiven Willen und eure glückverheißende Einstellung anziehen könnt.

Fragt euch einmal, ob ihr erfolgreich gewesen seid. Wenn ihr die meiste Zeit deprimiert seid, so liegt es sicher daran, daß ihr nichts aus

Erfolg im Leben

eurem Leben gemacht habt. Die Wünsche, die ihr seit eurer Kindheit hattet, sind unerfüllt geblieben; und euer pessimistisch eingestellter Geist ist zu dem Schluß gekommen, daß alles ja doch keinen Zweck habe. Verfolgt eure hohen Ziele wieder mit einem neu gestärkten Willen.

Erfolg ist die schöpferische Kraft, euch alles Nötige zu beschaffen

Der Erfolg läßt sich nicht an eurem erworbenen materiellen Reichtum ermessen, sondern daran, ob ihr fähig seid, euch willentlich das zu beschaffen, was ihr braucht. Denkt über diese Fähigkeit nach; sie kommt aus dem Überbewußtsein – der unendlichen Leistungskraft der Seele. Wenn ihr von dieser Kraft Gebrauch macht, um eure schöpferischen Fähigkeiten zu steigern, könnt ihr jede Schwierigkeit, die sich euch in den Weg stellt, überwinden.

Angenommen, ihr braucht ein Auto und habt die Möglichkeit, es euch (durch ehrliche Mittel) zu erwerben – das ist Erfolg. Angenommen, ihr

Erweiterung des Bewußtseins führt immer zum Erfolg

braucht ein Haus, und ihr habt die Möglichkeit, euch eins zu leisten – dann seid ihr erfolgreich. Angenommen, ihr wünscht euch den richtigen Lebensgefährten und betet zu Gott, daß Er euch leite, und dann begegnet ihr dieser Person – das ist Erfolg. Wie aber erlangt ihr die Kraft, willentlich solche Erfolge herbeizuführen? Wie könnt ihr die Bedingungen schaffen, die zum Erfolg führen, so daß ihr nicht mehr eurem selbstbestimmten Schicksal – dem Gesetz von Ursache und Wirkung – ausgeliefert seid? Sehr wenige Menschen in der Welt bringen genug Entschlossenheit und Willenskraft auf, um Herr ihres Schicksals zu werden.

Konzentriert euch auf das, was ihr unmittelbar braucht, und betet dann zu Gott, daß Er euch die schöpferische Kraft und den Willen gebe, euch diese Dinge zu beschaffen. Bedenkt immer, daß der Mensch nichts erfunden hat; er entdeckt nur, was Gottes Vorstellungskraft schon erschaffen und in der Kausalwelt der Gedanken manifestiert hat; aus dieser kommen

Erfolg im Leben

alle Dinge im Himmel und auf Erden. Das Geheimnis des Erfolges liegt also darin, immer mehr mit Gott im Einklang zu sein.

Drei kreative Kräfte: Bewußtsein, Unterbewußtsein und Überbewußtsein

Der Schöpfer hat euch drei gewaltige Kräfte verliehen – das Bewußtsein, das Unterbewußtsein und das Überbewußtsein. Die meiste Zeit gebraucht ihr euer Bewußtsein mit seinen Sinneswahrnehmungen und seiner Fähigkeit zu denken. Mit den anderen beiden seid ihr nicht sehr vertraut, deshalb bleibt deren Potential zum größten Teil unentwickelt.

Die Umgebung wirkt auf die bewußten Bemühungen ein. So eröffnet jemand in einer Ortschaft ein erfolgreiches Geschäft, und plötzlich sehen andere, daß sich in dieser Gegend gute Möglichkeiten bieten, ähnliche konkurrenzfähige Geschäfte aufzumachen. Das Ergebnis ist, daß einige davon wieder schließen müssen. Man muß seine ganze Unterscheidungskraft aufbieten, um die potentiellen Auswirkungen der Umgebung auf sein eigenes Tätigkeitsfeld richtig einzuschätzen. Schlecht durchdachte und hastige Entscheidungen führen mit Sicherheit zu Fehlschlägen und sind eine Beleidigung der hilfsbereiten Fähigkeiten des Bewußtseins.

Es bieten sich ständig Gelegenheiten zum Erfolg. Macht richtigen Gebrauch von der Kraft eures Bewußtseins und haltet Ausschau nach solchen Gelegenheiten – damit ihr jede noch so kleine Chance wahrnehmt, die euch dahin führt, wo ihr hinwollt, und jene Möglichkeiten beim Schopf packt, die mit eurem Ziel übereinstimmen.

Bemüht euch aufrichtig und voll bewußt um Erfolg. Euer Geist hat eine enorme Kapazität – Vernunft, Unterscheidungsvermögen, schöpferische Gedanken, Willenskraft und Konzentration. Ergreift jede sich bietende Gelegenheit und widmet euch dann euren Aufgaben mit ganzer Konzentration. Zuerst stellt fest, worin

Erfolg im Leben

eure Fähigkeiten liegen, und dann macht von ihnen Gebrauch. Alles, was euch interessiert, solltet ihr weiter verfolgen; die Saat des Erfolges wird besonders durch Begeisterung und Interesse gefördert.

Laßt euch nicht durch falsche Einflüsse in die Irre führen. Das Bewußtsein kann durch die Umgebung und die Meinung der Menschen leicht eingeengt und entmutigt werden. Anfangs hielt meine Familie mich für einen Versager, weil ich dem, was die Welt zu bieten hatte, nicht sonderlich gewogen war. Aber ich widersetzte mich der verächtlichen Meinung, die sie von mir hatte. Sobald ihr die Begrenzungen akzeptiert, die euch durch äußere Bedingungen und Neinsager auferlegt werden, wird eure Kreativität behindert und euer Wille zum Erfolg gelähmt. Dies trifft auf jeden zu, der im Leben versagt hat.

Macht Gebrauch von eurem Unterbewußtsein

Der nächste Schritt zur Meisterung eures

Erweiterung des Bewußtseins führt immer zum Erfolg

Schicksals besteht darin, das Werkzeug eures Unterbewußtseins zu gebrauchen, das sich hinter dem Bewußtsein befindet. Es beherbergt die Erinnerungen und Gewohnheiten. Es speichert all eure Erfahrungen und läßt eure Gedanken und Handlungen zu festen Gewohnheiten werden. Alles, was ihr mit konzentrierter Aufmerksamkeit tut, bewahrt euer Unterbewußtsein als Muster im Gehirn auf. Wenn ihr glaubt, Versager zu sein, setzt sich das Muster des Versagens in eurem Unterbewußtsein fest. Diese vorprogrammierte Überzeugung ist unheilvoll, sobald ihr euch um Erfolg bemüht – sie ist häufig eine Ursache dafür, daß Menschen versagen. Ganz gleich, in welcher Lage ihr euch befindet oder was das Ergebnis eurer Bemühungen ist, ihr dürft keine Gedanken an Mißerfolg hegen und euren Geist nicht mit dieser Überzeugung hypnotisieren.

Was ihr euch auch als Ziel setzt, sagt euch immer, daß es gelingen wird, und glaubt daran – selbst wenn alles dagegenspricht. Prägt eurem

Erfolg im Leben

Unterbewußtsein Bilder des Erfolges ein und verwirklicht sie. Setzt euch ruhig hin und denkt tief über euer Vorhaben nach; konzentriert euch auf die Mittel, die euch dazu verhelfen können. Wenn ihr ruhig seid, wenn eure innere Unruhe und die Gedanken an mögliche Fehlschläge verblassen, können euch die neuen Überzeugungen aus eurem Unterbewußtsein helfen. Sobald ihr ein Problem tief und gründlich durchdenkt, überschreitet ihr die Grenzen eures Bewußtseins. Dann könnt ihr eurer wachen Vernunft wichtige Mitteilungen zuführen, die aus eurer Erinnerung und der kreativen Vorstellungskraft des Unterbewußtseins aufsteigen.

Die allwissende Kraft des Überbewußtseins

Hinter eurem Unterbewußtsein befindet sich das Überbewußtsein. Die Kraft Gottes in eurem Innern, eine Kraft ohne Grenzen, liegt im Überbewußtsein. Diesem Bewußtsein kann man keine Vorstellungen von Fehlschlag einflößen, doch es kann durch solche Vorstellun-

Erweiterung des Bewußtseins führt immer zum Erfolg

gen verdunkelt werden. Das Überbewußtsein ist das allwissende, intuitive Bewußtsein der Seele. Dieses Bewußtsein kann man durch tiefe Konzentration und Meditation anzapfen, wenn man mit der Seele in Verbindung ist.

Sagt euch immer wieder, ganz gleich, was kommt: »Ich habe die Kraft, erfolgreich zu sein! Obgleich mein Bewußtsein von der Umgebung beeinflußt wird, hat mir der Herr dennoch die unbegrenzte Kraft des Überbewußtseins und Unterbewußtseins gegeben. Wenn ich Herrschaft über diese gewinne, kann ich auch Herr meines Schicksals werden.« Ein unglückliches Schicksal wird nur dadurch verursacht, daß ihr die Kräfte, die eurem Bewußtsein innewohnen, nicht gebraucht und die schlechten Gewohnheiten, die sich in eurem Unterbewußtsein festgesetzt haben, nicht überwindet. Ihr dürft euch nie entmutigen lassen; denn wer sich entmutigen läßt, gibt sich geschlagen und brandmarkt sich als Versager. Wenn euer Bewußtsein euch einredet: »Ich kann das nicht«,

Erfolg im Leben

speichert das Unterbewußtsein diesen negativen Gedanken; und je negativer ihr denkt, um so tiefer gräbt sich diese Vorstellung von Fehlschlag in den Speicher eures Unterbewußtseins ein. Dann habt ihr ausgespielt, es sei denn, ihr macht erneut bewußte Anstrengungen, diese beharrliche Neigung zum Fehlschlag zu beseitigen; das könnt ihr durch positive Willensanstrengungen, so daß ihr zuversichtlich denken und handeln lernt.

Wenn ihr euch sagt: »Ich kann Erfolg haben!«, dann tut es mit solcher Überzeugung, daß alle Gedanken an Fehlschlag die Flucht ergreifen. Selbst wenn ihr neunmal umsonst versucht habt, in etwas Erfolg zu haben, könnt ihr es immer noch das zehnte Mal probieren. Gebt nie auf; erkennt keine Mißerfolge an!

Praktische Anwendung der Intuition

Beginnt jedes Vorhaben damit, daß ihr Gott um Hilfe bittet: »Herr, ich will mein Bestes tun, aber leite Du mich, damit ich mich für das

Erweiterung des Bewußtseins führt immer zum Erfolg

Richtige entscheide und Fehler vermeide.« Dann müßt ihr von eurer Intelligenz und Vernunft Gebrauch machen, um herauszufinden, wie ihr das Gewünschte erreichen könnt. Betet vor jeder Entscheidung um Gottes Führung; wartet im intuitiven Zustand innerer Stille auf Seine Zustimmung. So mache ich es immer. Nachdem ich bewußt meine Intelligenz gebraucht habe, wende ich auch die Kraft meiner Intuition sowie die Kräfte meines Unterbewußtseins und Überbewußtseins an. Und jedesmal merke ich, daß das schöpferische göttliche Licht mir unfehlbar beisteht.

Wenn man sich nur auf materielle Hilfsquellen verläßt, bleibt immer ein gewisser Unsicherheitsfaktor bestehen. Doch die intuitive Methode, die zum Erfolg führt, ist andersartig. Intuitive Wahrnehmungen können nie falsch sein. Sie bestehen in einem inneren Empfinden – einem Gefühl, das euch im voraus sagt, ob ihr durch eine bestimmte Vorgehensweise Erfolg haben werdet oder nicht.

Erfolg im Leben

Die Sinneswahrnehmungen und der Verstand mögen euch zu dem einen raten, während die Intuition euch zu etwas anderem rät. Ihr solltet zuerst dem folgen, was euch eure Sinne zeigen. Prüft, was an praktischen Schritten nötig ist, um euer Ziel zu erreichen. Ob ihr euer Geld anlegen, ein Geschäft eröffnen oder euren Beruf wechseln wollt – stellt intensive Überlegungen an, zieht Vergleiche und macht von eurer Intelligenz Gebrauch, aber faßt keine eiligen Entschlüsse. Wenn eure Vernunft und eure Nachforschungen euch zu einer gewissen Entscheidung gebracht haben, meditiert darüber und betet zu Gott. Fragt den Herrn im Zustand inneren Schweigens, ob es richtig sei, jetzt mit dem Projekt zu beginnen. Wenn ihr tief und aufrichtig betet und dann fühlt, daß irgend etwas euch warnt, dann tut es nicht. Doch wenn ihr ein unerschütterlich positives Gefühl habt und dieses Gefühl bei jedem Beten anhält, dann tut es. Euer Gebet um Führung muß aufrichtig sein, damit all eure

Erweiterung des Bewußtseins führt immer zum Erfolg

Eingebungen von Gott kommen und nicht von euren irregeleiteten Wünschen.

Auf diese praktische Weise habe auch ich meine Intuition entwickelt. Bevor ich irgend etwas unternehme, meditiere ich schweigend in meinem Zimmer, wobei ich der Kraft meines Geistes mehr Raum gebe. Dann richte ich das konzentrierte Licht meines Geistes auf das, was ich erreichen will. Ich weiß, daß meine Gedanken sich stets verwirklicht haben; alles, was ich in diesem Zustand wahrnehme, muß unweigerlich eintreffen.

Wir Menschen sind auf der Erde die machtvollsten Empfangs- und Sendestationen. Der Körper ist eine kleine Schranke, hat aber nichts zu bedeuten. Unsere Gedanken sind machtvolle schöpferische Kräfte, die durch den Äther ziehen – bereit, ihre Aufgabe zu erfüllen; man muß sie nur bewußt und konzentriert lenken. Die meisten Menschen wissen allerdings nicht, wie sie ihre Gedanken richtig einsetzen können. Ihr Geist ist voller Störungen. Konzentra-

Erfolg im Leben

tion und Meditation harmonisieren die Gedanken und stellen sie auf den geplanten Erfolg ein.

Werdet erfolgreicher, indem ihr anderen dazu verhelft, sich selbst zu helfen

Selbstsüchtige Vorhaben begrenzen den Erfolg. Ihr solltet das universale Bewußtsein eurer Seele zum Ausdruck bringen. Dazu braucht ihr nicht nur die Hände und das Gehirn eures eigenen Körpers. Ihr könnt euren Einfluß so weit ausdehnen, daß ihr durch euer gütiges Wesen Tausende von Händen und Gehirnen zur Tätigkeit anregt. Ihr denkt hauptsächlich an euren eigenen kleinen Körper – wie ihr ihn ernähren und kleiden und es ihm bequem machen könnt. Ich denke jedoch hauptsächlich daran, wie ich das Leben von Tausenden von Seelen bereichern kann – wie ich den Menschen dazu verhelfen kann, die in ihnen schlummernde Kraft und Weisheit zu erwecken. Das befriedigende Gefühl, das daraus erwächst, läßt sich kaum in Worten beschreiben.

Erweiterung des Bewußtseins führt immer zum Erfolg

Ich habe vielen Menschen erfolgreich helfen können, sich selbst zu helfen; und das ist ein Erfolg, den mir keiner nehmen kann. Es hat mir Freude bereitet, etwas für Gott zu tun. Ich habe keinen persönlichen Ehrgeiz; doch was Gott anbetrifft, habe ich viel Ehrgeiz, damit ich Ihn allen anderen vermitteln kann. Ihr könnt nie wirklich erfolgreich sein, wenn ihr nicht einige eurer persönlichen Wünsche aufgebt, um dafür anderen zu helfen. Wenn ihr bei euren Bemühungen um Erfolg auch das Wohl anderer mit einplant, habt ihr mehr Aussicht auf Erfolg, als wenn ihr nur an euch selber denkt. Vor allem aber richtet eure Gedanken auf Gott und bittet Ihn, euch zu leiten. Ich hätte viel mehr Schwierigkeiten beim Aufbau dieser Organisation gehabt, wenn ich mich innerlich nicht hätte von Gott leiten lassen; denn alle Beteiligten wollten, daß ich *ihren* Vorschlägen folge. Diese Organisation wird erfolgreich sein, weil ich Gott gefolgt bin. Der Satan versucht immer, alle guten Werke zu vereiteln; doch

Erfolg im Leben

Gott zeigt uns die Methode, mit der wir über das Böse siegen können.

Der höchste Erfolg: ständig mit Gott vereint zu sein

Zweck unseres Lebens ist es, den Sinn des Universums zu erkennen. Dieses ist nichts als ein Traum Gottes – wie ein Film, der sehr dramatisch oder auch komisch wirkt, der dann aber zu Ende geht und den man vergißt. So ist auch das Leben. Es erscheint uns so wirklich und anhaltend, doch es wird in Kürze vorüber sein. All eure Probleme und Sorgen werden vergessen sein, wenn ihr diese Welt verlaßt und in eine bessere, jenseitige Welt eingeht. Nehmt dieses Leben also nicht zu ernst; erkennt, wer hinter diesem Drama steht: der Meister des Universums, der Autor dieses Traumdramas.

Viele Leute behaupten: »Es wird mir nie möglich sein, Gott zu erkennen.« Dieser Gedanke ist schwer auszurotten. Nur wenn ihr immer wieder betet, ganz gleich, wie oft Gott

Erweiterung des Bewußtseins führt immer zum Erfolg

euch nicht antwortet, und Ihn immer mehr liebt – nur dann werdet ihr Erfolg haben. Selbst wenn ihr Gott äonenlang suchen solltet, ist das nichts im Vergleich zu einem ewigen Leben in Ihm. Wenn ihr Ihm fortwährend euer Herz ausschüttet und danach verlangt, Ihn zu erkennen, werdet ihr Antwort von Ihm erhalten.

Vergeudet eure Zeit nicht. Der Weg zum Erfolg liegt in fortwährender Gottverbundenheit. Sucht Ihn vor allem anderen. Hütet euch vor einem stagnierenden Dasein; Trägheit bedeutet nicht Glück. Setzt euch jeden Abend mit Ihm in Verbindung. Und wenn ihr morgens aufwacht, seid bereit, euch in den Kampf des Lebens zu wagen; denn ihr habt Ihn an eurer Seite. Vertraut darauf, daß ihr die Kraft habt, Erfolge zu erringen, und sagt: »Was auch kommen mag, o Welt, ich kann es mit dir aufnehmen!« Dann werdet ihr Herr eures Schicksals, und nach und nach werden alle Fesseln von euch abfallen. Ihr werdet wissen, daß ihr keine umherirrenden Wanderer auf der Erde

Erfolg im Leben

mehr seid, sondern daß ihr euer Erbteil als Kinder Gottes zurückfordern könnt.

Ich bin nur deshalb hier, um euch zu verkünden, was Gott mir offenbart hat. Ich habe die Höchste Kraft in mich einströmen lassen und festgestellt, daß der Durst all meiner Wünsche für immer gelöscht wurde. Zögert nicht länger; folgt dieser Lehre, damit auch ihr das Wunderbare erfahrt, das ich auf diesem Weg erlebt habe. Nicht nur verdanke ich ihm vollkommene körperliche und geistige Harmonie, dieser Weg hat mir auch unbeschreibliche Zufriedenheit und höchstes Glück gebracht; denn ich bin mir immer der Führung Gottes bewußt. Ihr werdet Seine Gegenwart im Hauch des Windes spüren, ihr werdet Seine ewig neue Freude im Brausen des Meeres fühlen. Er wird euch mit den Sonnenstrahlen wärmen. Er wird vom weiten Himmelszelt auf euch herabschauen; und die Himmelskörper der Sterne, des Mondes und der Sonne werden Fenster für euch sein, die euch in Seine Gegenwart führen. Überall werdet ihr

Erweiterung des Bewußtseins führt immer zum Erfolg

Ihn wahrnehmen, und Seine gütigen Augen werden liebevoll auf euch herabschauen.

Jeden Morgen, wenn ihr euren Tag beginnt, sorgt nicht nur für euer eigenes Wohl, sondern überlegt euch auch, wie ihr anderen helfen könnt. ...Wenn ihr alle so interessiert an der Wahrheit wäret, wie ich es bin, wie gewaltig wäre dann unsere vereinte Kraft, die Unwissenheit aus der Welt zu verbannen! Alles, was ihr auf diesem geistigen Weg tut, um anderen zu helfen, wird vom Himmlischen Vater anerkannt.

Fühlt die Kraft des GEISTES durch euch hindurchfließen

Schließt nun die Augen und konzentriert euch nach innen. Fühlt, daß ihr von tiefem Frieden erfüllt seid. Fühlt diesen Frieden überall um euch. Fühlt, wie die Kraft des GEISTES durch die ruhigen Tore eures menschlichen Geistes fließt. Fühlt den Frieden des Vaters in eurem eigenen Herzen erglühen. Er verbirgt

Erfolg im Leben

sich in jedem Gedanken, in jeder Zelle, überall in euch. Versucht Ihn zu fühlen!

Wir wollen beten: »Himmlischer Vater, ich bin nicht länger von den Schranken des ›Ich kann nicht‹ umgeben. Ich trage in mir Deine große, explosive Kraft des ›Ich kann‹. Herr, segne mich, damit ich jene Kraft entwickle, mit der ich all meine Schranken niederreißen kann und über die Grenzen meines Daseins hinauswachse, bis ich Herr über alle Kräfte dieser Erde und Deines Kosmos bin, indem ich eins mit Dir werde.«

TEIL

II

Wie man den Weg findet, der
zum Sieg führt

*D*iese Erde, die mir einst so groß schien, sehe ich jetzt nur noch als eine winzige, aus Atomen bestehende Kugel, die sich, von der Sonne erwärmt, im Raume dreht und von nebelartigen Gasen umspielt wird – als einen winzigen Erdklumpen, auf dem verschiedene Lebewe-

---

Teil 2 enthält Auszüge aus einem Vortrag, der am 16. Februar 1939 gehalten wurde. Der vollständige Text ist in dem von der *Self-Realization Fellowship* veröffentlichten Buch *The Divine Romance* (Paramahansa Yoganandas *Collected Talks and Essays*, Volume II) enthalten.

Erfolg im Leben

sen vorkommen. Das Wort[6] Gottes, das die Stimme des GEISTES ist – die Manifestation des Ewigen – durchdringt alles. Die furchtbaren Verwüstungen, die es in dieser begrenzten Sphäre gibt, werden durch die Selbstsucht der Menschen verursacht – durch die Disharmonie der Menschen untereinander und durch den Mißklang zwischen dem Menschen und dem aller Schöpfung innewohnenden verborgenen GEIST. Da die Menschheit keine Lehre aus diesen Katastrophen gezogen hat, leidet die Erde weiterhin unter vernichtenden Stürmen, Erdbeben, Überschwemmungen, Krankheiten

---

[6] Die Kosmische Intelligente Schwingung, welche die ganze Schöpfung aufbaut und belebt, auch *OM* oder Amen genannt. Das *OM* der Veden wurde zum heiligen Wort *Hum* der Tibetaner, zum *Amin* der Moslems und zum *Amen* der Ägypter, Griechen, Römer, Juden und Christen. »Im Anfang war das Wort, und das Wort war bei Gott, und Gott war das Wort ... Alle Dinge sind durch dasselbe [das Wort oder *OM*] gemacht, und ohne dasselbe ist nichts gemacht, was gemacht ist.« *Johannes* 1, 1; 3

Wie man den Weg findet, der zum Sieg führt

und, noch schlimmer als das, verheerenden Kriegen.

Es gibt eine Methode, diese Welt – und die Natur – zu bezwingen und über Armut und Krankheit, über Kriege und andere Leiden des Lebens zu siegen. Wir müssen uns diese Methode, die uns zum Siege verhilft, zu eigen machen. ... Der harte Existenzkampf der Welt geht weiter. Wenn wir uns gegen diesen tosenden Sturm stemmen, kommen wir uns vor wie kleine Ameisen, die auf dem Meere treiben. Dennoch dürft ihr eure Kraft nicht unterschätzen. Der wahre Sieg besteht in der Überwindung des eigenen Ichs, so wie Jesus Christus es vorgelebt hat. Seine Selbstüberwindung verlieh ihm Herrschaft über die ganze Natur.

Die Wissenschaft bemüht sich auf andere Weise, Herrschaft über die Natur und das Leben zu gewinnen. Doch die anfänglich vielversprechenden wissenschaftlichen Entdeckungen bringen oft keine bleibenden Resultate. Die vorübergehenden guten Wirkungen halten

Erfolg im Leben

nicht lange an; dann geschieht wieder etwas viel Schlimmeres, was das Glück und Wohlergehen des Menschen gefährdet. Einen vollständigen Sieg kann man nicht allein durch wissenschaftliche Methoden erreichen, weil diese sich mit äußeren Dingen befassen, das heißt mit den Wirkungen und nicht mit deren verborgenen Ursachen. Die Welt wird trotz aller Katastrophen weiterbestehen, und die Wissenschaft wird immer wieder neue Entdeckungen machen. Aber nur eine geistige Wissenschaft kann uns den Weg zum vollständigen Sieg weisen.

Der Geist darf sich nicht unterjochen lassen

Der geistigen Wissenschaft zufolge hängt alles von der Einstellung des menschlichen Geistes ab. Es ist sinnvoll, sich bei extremer Hitze durch künstlich gekühlte Luft – und bei extremer Kälte durch künstlich erzeugte Wärme – Erleichterung zu verschaffen; während ihr aber versucht, das Unbehagen durch äußere Mittel

Wie man den Weg findet, der zum Sieg führt

zu beseitigen, übt euch geistig darin, alle Umstände gleichmütig zu ertragen. Der menschliche Geist gleicht dem Löschpapier, das sofort jede Farbe annimmt, die man ihm aufdrückt. Die meisten Menschen lassen ihren Geist von der Farbe ihrer Umgebung prägen. Doch es gibt keine Entschuldigung für den menschlichen Geist, sich von äußeren Umständen unterjochen zu lassen. Wenn eure geistige Haltung unter dem Druck von Prüfungen immer ins Wanken gerät, unterliegt ihr im Kampf des Lebens. Das geschieht oft, wenn ein gesunder und intelligenter Mensch in die Welt hinaustritt, um seinen Lebensunterhalt zu verdienen und schon bei den ersten Hindernissen aufgibt. Erst wenn ihr den Mißerfolg *akzeptiert*, habt ihr *wirklich* versagt. Nicht der durch Krankheit Behinderte noch derjenige, der es trotz wiederholter Rückschläge ständig von neuem versucht, ist der Versager, sondern der körperlich und geistig Träge. Wer sich weigert, richtig zu denken und vernünftige Überlegungen anzu-

Erfolg im Leben

stellen, wer keinen Gebrauch von seiner Unterscheidungskraft, seinem Willen und seiner Kreativität macht, ist so gut wie tot.

Ihr müßt psychologische Methoden anwenden, wenn ihr erfolgreich sein wollt. Einige Leute sagen: »Man darf gar nicht über Fehlschläge reden.« Aber das allein hilft nichts. Untersucht zuerst die Ursachen eurer Mißerfolge, zieht die nötige Lehre aus euren Erfahrungen und denkt dann nicht mehr daran. Auch wenn ein Mensch viele Male versagt hat, jedoch weiterhin vorwärtsstrebt und sich innerlich nie geschlagen gibt, ist er in Wirklichkeit erfolgreich. Die Welt mag ihn für einen Versager halten, doch wenn er selbst seine geistigen Bemühungen nie aufgibt, hat er in den Augen Gottes nicht verloren. Diese Wahrheit habe ich durch meine innere Verbundenheit mit dem GEIST gelernt.

Ihr vergleicht euer Los immer mit dem anderer Menschen. Wenn jemand intelligenter und erfolgreicher ist als ihr, seid ihr niedergeschlagen. So widersprüchlich ist die menschliche Natur. Beklagt euch nicht über euer Schicksal. In dem Augenblick, wo ihr das, was ihr habt, voller Neid mit dem vergleicht, was andere haben, schadet ihr euch selbst. Wenn ihr nur die Gedanken anderer lesen könntet – dann würdet ihr nicht mehr mit einem anderen tauschen wollen.

Wir sollten niemanden beneiden. Laßt die anderen *uns* beneiden. So wie wir sind, ist kein anderer. Seid stolz auf das, was ihr habt, und auf das, was ihr seid. Niemand anders hat genau eure Persönlichkeit. Niemand anders hat genau euer Gesicht. Niemand anders hat eine Seele so wie ihr. Jeder einzelne ist ein einzigartiges Geschöpf Gottes. Darauf solltet ihr stolz sein!

Überwindung schlechter Gedanken durch die Wissenschaft des Yoga

Zu behaupten, daß es nichts Böses gebe, ist unrealistisch. Wir können dem Bösen nicht dadurch entgehen, daß wir es ignorieren. Was ist das Böse? Alles, was die Verwirklichung Gottes verhindert. Gott kennt all unsere falschen Gedanken und Handlungen und kennt die Schwierigkeiten, denen wir ausgesetzt sind. Wenn Er nicht wüßte, daß das Böse existiert, dann müßte Er ein sehr unwissender Gott sein! In dieser Welt existiert also beides: das Gute und das Böse, das Positive und das Negative. Viele Menschen, die versuchen, positiv zu denken, haben dennoch eine übertriebene Furcht vor negativen Gedanken. Es hat keinen Zweck, negative Gedanken zu verdrängen; aber man sollte sie auch nicht fürchten. Macht von eurer Unterscheidungskraft Gebrauch, um falsche Gedanken zu erkennen; und dann laßt sie fallen.

Wenn das Gift negativer Gedanken einmal vom kleinen Ich[7] Besitz ergriffen hat, ist es sehr schwer, sich wieder davon zu befreien. Es

---

[7] Das menschliche Bewußtsein, das sich mit dem Körper und daher auch mit sterblichen Begrenzungen identifiziert. Das göttliche Bewußtsein der Seele identifiziert sich mit Gott und ist gefeit gegen alle negativen Gedanken.

gibt eine Geschichte von einem Mann, der versuchte, eine Frau von einem bösen Geist zu befreien. Er schleuderte ihr ein Senfkorn entgegen, das den Geist angeblich vertreiben sollte. Aber der böse Geist lachte nur: »Ich bin in das Senfkorn hineingeschlüpft, ehe du es geworfen hast, deshalb kann es mir nichts anhaben.« Ähnlich ist es, wenn das Gift negativer Gedanken euren Verstand gänzlich durchdrungen hat; dann ist er gelähmt. Der »böse Geist« negativer Gedanken bohrt sich in das »Senfkorn« eurer geistigen Kraft ein. Wenn ihr beispielsweise einen Monat lang krank gewesen seid, neigt ihr zu der Befürchtung, daß ihr nie wieder gesund werdet. Wie kann aber dieser eine Monat des Krankseins die vielen Jahre guter Gesundheit aufwiegen, deren ihr euch erfreut habt? Solche Überlegungen werden eurem Geist nicht gerecht.

Der echte Metaphysiker taucht tief in das Bewußtsein seiner Seele und macht von seiner göttlichen Kraft Gebrauch, um alle Spuren des

Erfolg im Leben

Bösen aus seinem Leben zu tilgen. Durch diese Yoga-Methode lassen sich alle Hindernisse, die sich der Vereinigung der Seele mit Gott in den Weg stellen, beseitigen; sie beruht nicht auf Einbildung, sondern auf wissenschaftlicher Grundlage. Yoga ist der höchste Weg, der zu Gott führt. Auf dem Weg des Yoga könnt ihr alle negativen Gedanken abwerfen und die höchsten Bewußtseinszustände erreichen. Yoga ist der Weg für die Wissenschaftler des Geistes. Es handelt sich um einen rein wissenschaftlichen Weg, der eine vollkommene Wissenschaft in sich darstellt. Yoga lehrt euch, ehrlich mit euch selbst zu sein und festzustellen, wie es um euch steht – und dann mit der ganzen Kraft eurer Seele alles Böse in euch zu bekämpfen. Es genügt nicht, das Böse einfach zu ignorieren. Der geistige Wissenschaftler läßt sich nie entmutigen, ganz gleich, wieviel Beharrlichkeit es ihn kostet. Er weiß, daß keine noch so großen Schwierigkeiten ihn der Kraft berauben können, die Gott ihm verliehen hat.

Wie man den Weg findet, der zum Sieg führt

Wer sich vervollkommnen will, muß sich aufrichtig prüfen

Lernt, euch selbst ehrlich zu prüfen und all eure positiven und negativen Neigungen zu erkennen: Wie habt ihr euch zu dem entwickelt, was ihr jetzt seid? Welches sind eure guten und schlechten Eigenschaften, und wie habt ihr sie euch angeeignet? Dann geht ans Werk und vernichtet die schlechte Ernte. Entfernt das Unkraut niederer Charakterzüge aus eurer Seele und sät die Saat geistiger Eigenschaften hinein, damit die gute Ernte überwiegt. Wenn ihr eure Schwächen erkennt und sie auf wissenschaftliche Weise beseitigt, nehmt ihr an Kraft zu. Deshalb dürft ihr euch durch eure Schwächen nicht entmutigen lassen; denn dann gebt ihr euch selber geschlagen. Ihr helft euch am besten durch ehrliche Selbsterkenntnis. Wer keine Unterscheidungskraft gebraucht, bleibt blind; und die der Seele angeborene Weisheit wird durch Unwissenheit verdunkelt. Deshalb leiden die Menschen.

Erfolg im Leben

Gott hat uns die Macht verliehen, unsere Unwissenheit zu beseitigen und die uns angeborene Weisheit zu entdecken – ebenso wie Er uns die Fähigkeit gegeben hat, die Augenlider zu öffnen und das Licht wahrzunehmen. Übt jeden Abend etwas Innenschau und führt ein geistiges Tagebuch; und während des Tages haltet hin und wieder inne und legt euch Rechenschaft über euer Tun und Denken ab. Wer sich selbst keiner Prüfung unterzieht, ändert sich auch nicht. Er wird nicht besser und nicht schlechter, er steht einfach still. Und das ist ein gefährlicher Zustand.

Wenn ihr euch durch äußere Umstände von dem, was ihr für richtig haltet, abbringen laßt, werdet ihr träge. Es geschieht leicht, daß ihr Zeit vergeudet und das Reich Gottes aus den Augen verliert, z.B. wenn ihr euch zuviel mit unwichtigen Dingen beschäftigt, so daß ihr keine Zeit mehr habt, an Ihn zu denken. Prüft euch bei eurer abendlichen Innenschau, prüft euch besonders daraufhin, ob ihr träge geworden seid. Ihr seid nicht auf die Welt gekommen, um euch in ihr zu verlieren, sondern um euer wahres SELBST zu finden. Gott hat euch als Seine Krieger hergesandt, damit ihr über das Leben siegt. Ihr seid Seine Kinder, und die größte Sünde besteht darin, eure höchste Pflicht zu vernachlässigen oder aufzuschieben: den Sieg über euer kleines Ich zu erringen und den euch zustehenden Platz im Reich Gottes wiederzugewinnen.

Der Sieg über sich selbst ist der höchste Sieg

Je mehr Schwierigkeiten ihr habt, um so mehr Gelegenheit gibt euch das auch, dem Herrn zu beweisen, daß ihr ein geistiger Napoleon, ein geistiger Dschingis-Khan seid – einer, der über sich selbst siegt. Wir haben noch so viele Unvollkommenheiten zu überwinden! Wer Meister seiner selbst wird, ist ein echter Eroberer. Ihr müßt euch bemühen, mir nachzueifern und ständig über das kleine Ich zu sie-

Erfolg im Leben

gen. Dieser innere Sieg verleiht mir Herrschaft über die ganze Welt. Die Geheimnisse der Elemente, die heiligen Schriften, die so widersprüchlich scheinen – all diese Dinge werden durch Gottes großes Licht erhellt. In diesem Licht versteht man alles, kann man alles meistern. Der einzige Zweck unseres Daseins besteht darin, diese göttliche Weisheit zu erlangen. Wenn ihr statt dessen nach etwas anderem sucht, straft ihr euch selbst. Ihr müßt euer SELBST erkennen, ihr müßt Gott erkennen! Welche Aufgaben das Leben euch auch stellen mag, erfüllt sie nach bestem Vermögen. Lernt durch Unterscheidungskraft und durch richtiges Handeln, jedes Hindernis zu überwinden, und gewinnt Herrschaft über euch selbst.

Solange ihr euch fragt, ob ihr den Lebenskampf gewinnen oder verlieren werdet, könnt ihr sicher sein, daß ihr ihn weiterhin verliert. Doch wenn ihr in Gott ein solches Glück gefunden habt, daß ihr ganz davon berauscht seid, werdet ihr immer zuversichtlicher – und

Wie man den Weg findet, der zum Sieg führt

auch demütiger. Geht nicht rückwärts, und steht auch nicht still. Die meisten Menschen bleiben ihr Leben lang so, wie sie sind, oder sie befinden sich in einem ständigen Tauziehen zwischen ihren guten und schlechten Eigenschaften. Welche Seite wird gewinnen? Versuchungen sind die Einflüsterungen Satans, die in euer Bewußtsein dringen. Satan versucht stets, euch alles zu verpfuschen. Schwächen zu haben, ist keine Sünde; aber in dem Augenblick, wo ihr euch nicht mehr anstrengt, diese Schwächen zu überwinden, seid ihr verloren. Solange ihr immer vorwärtsstrebt, solange ihr immer wieder aufsteht, wenn ihr gefallen seid, werdet ihr auch Erfolg haben. Nicht der Sieg selbst bringt uns Freude, sondern die dadurch gewonnene Kraft und die Zufriedenheit, über eine Schwäche gesiegt zu haben.

Beschäftigt euch mit dem Leben der Heiligen. Das, was euch leichtfällt, ist nicht der Weg Gottes. Das, was euch schwerfällt, ist Sein Weg. Der heilige Franziskus hatte mehr

Erfolg im Leben

Schwierigkeiten, als ihr euch vorstellen könnt, aber er gab nicht auf. Durch die Kraft seines Geistes überwand er ein Hindernis nach dem anderen und wurde eins mit dem Meister des Universums. Warum könnt ihr nicht diese Art von Entschlossenheit aufbringen? Ich denke oft, die größte Sünde im Leben besteht darin, sich geschlagen zu geben, denn dadurch leugnet ihr die höchste Kraft eurer Seele – das Ebenbild Gottes in euch. Gebt eure Bemühungen nie auf!

Verfolgt eifrig solche Ziele, die euch helfen, Herr über euch selbst zu werden. Der wahre Sieg besteht darin, trotz aller Schwierigkeiten an seinen guten Vorsätzen festzuhalten. Laßt euch durch nichts von eurem Entschluß abbringen. Die meisten Leute denken: »Laß es für heute gut sein; morgen kann ich es nochmals versuchen.« Betrügt euch nicht selbst. Ein solches Denken wird euch keinen Sieg bringen. Wenn ihr einmal einen Entschluß gefaßt habt und ständig bemüht seid, ihn auch auszuführen, werdet ihr Erfolg haben. Die heilige Theresia von Avila sagte: »Heilige sind Sünder, die niemals aufgegeben haben.« Wer niemals aufgibt, wird schließlich siegen.

Fühlt euch sicher, weil ihr dem Wesen nach gut seid

Eines Tages werdet ihr diese Welt verlassen müssen. Einige werden um euch weinen, und andere mögen dies oder das gegen euch sagen. Vergeßt aber nicht, daß alle schlechten und guten Gedanken, die ihr gehabt habt, mit euch ziehen. Deshalb ist es so wichtig, daß ihr euch selbst beobachtet und vervollkommnet und stets euer Bestes tut. Solange ihr aufrichtig danach strebt, das Richtige zu tun, braucht ihr nicht auf das zu achten, was andere über euch reden oder gegen euch unternehmen. Ich bin immer bemüht, niemanden zu verletzen; und im Herzen weiß ich, daß ich mein Bestes getan habe, zu allen freundlich zu sein. Doch ich kümmere mich nicht um die Meinung anderer

Erfolg im Leben

Menschen, sei es Lob oder Tadel. Gott ist bei mir, und ich bin bei Ihm.

Was ich jetzt sage, ist kein Eigenlob: Ich weiß mit großer Freude und Sicherheit, daß niemand Rachegefühle in meiner Seele erwecken kann. Ich würde mir lieber selbst etwas antun, als einem anderen gegenüber niederträchtig sein. Wenn ihr an eurem Entschluß, stets freundlich zu sein, festhaltet, auch wenn andere versuchen, euch zu ärgern, bleibt ihr Sieger. Denkt einmal darüber nach. Wenn jemand euch droht und ihr ruhig bleibt und keinerlei Angst habt, dann könnt ihr gewiß sein, daß ihr über das kleine Ich gesiegt habt. Der Feind kann euch innerlich nichts anhaben.

Ich könnte nie unfreundlich zu irgend jemandem sein, nicht einmal zu einem Todfeind. Es würde mir selbst schaden. Es gibt soviel Lieblosigkeit in der Welt, und ich sehe nicht ein, warum ich sie noch vermehren sollte. Wenn ihr Gott liebt und Ihn in jeder Seele seht, könnt ihr nie niederträchtig sein. Und

Wie man den Weg findet, der zum Sieg führt

wenn jemand euch verletzt, tut euer Bestes, ihm gegenüber liebevoll zu sein. Verhält er sich dann immer noch rücksichtslos, dann zieht euch für einige Zeit von ihm zurück. Bleibt ihm im Herzen freundlich gesinnt und zeigt keinerlei Lieblosigkeit in eurem Verhalten. Einer der größten Siege über das kleine Ich besteht in der inneren Gewißheit, daß ihr immer rücksichtsvoll und liebevoll bleiben werdet und daß niemand euch dazu zwingen kann, anders zu handeln. Übt euch hierin. Das ganze Römische Reich hätte Christus nicht dazu bewegen können, lieblos zu werden. Er betete sogar für diejenigen, die ihn kreuzigten: »Vater, vergib ihnen, denn sie wissen nicht, was sie tun.« (*Lukas* 23, 34)

Wenn ihr sicher seid, Herrschaft über euch selbst erlangt zu haben, seid ihr siegreicher als der größte Diktator – denn ihr habt einen Sieg errungen, der vor dem Tribunal eures Gewissens bestehen kann. Euer Gewissen ist euer Richter. Macht eure Gedanken zu eurem

Erfolg im Leben

Schwurgericht und euch selbst zum Angeklagten. Stellt euch jeden Tag auf die Probe, und sooft euer Gewissen euch straft und euch dazu verpflichtet, positiv zu reagieren – d.h. eurem göttlichen Wesen entsprechend zu handeln –, werdet ihr siegen.

Der Seele zum Sieg verhelfen

Das Alter ist keine Entschuldigung dafür, sich nicht zu bessern. Den Sieg erringt man nicht aufgrund seiner Jugend, sondern aufgrund seiner Beharrlichkeit. Bemüht euch um dieselbe Beharrlichkeit, die Jesus hatte. Vergleicht einmal seinen Geisteszustand, als die Zeit für ihn gekommen war, seinen Körper aufzugeben, mit dem irgendeines scheinbar erfolgreichen freien Mannes auf den Straßen von Jerusalem. Bis zu seinem Ende, in jeder Prüfung – sogar, als er gefangengenommen und von seinen Feinden gekreuzigt wurde – war er im höchsten Sinne siegreich. Er hatte Macht über die ganze Natur, und er spielte mit dem

Wie man den Weg findet, der zum Sieg führt

Tod, um den Tod zu besiegen. Wer den Tod fürchtet, wird leicht von ihm besiegt. Wer dagegen ehrlich mit sich selbst ist und jeden Tag versucht, sich zu bessern, wird dem Tod mutig ins Auge sehen und den wahren Sieg erringen. Und dieser Sieg der Seele ist der wichtigste von allen.

Für mich gibt es keinen trennenden Schleier zwischen Leben und Tod; deshalb erschreckt mich der Tod nicht im geringsten. Die im Körper eingefangene Seele gleicht der Welle auf dem Meer. Wenn jemand stirbt, sinkt die Seelenwelle wieder zurück und taucht ein in das Meer des GEISTES, aus dem sie gekommen ist. Für den Durchschnittsmenschen, der sich nie bemüht hat, Gott zu erkennen, bleibt der Tod ein Geheimnis. Solche Menschen können sich nicht vorstellen, daß in ihnen selbst das Reich Gottes mit all Seinen Wundern verborgen liegt. Dort gibt es kein Leid, keine Armut, keine Sorgen und keine Alpträume, welche die Seele in der Täuschung gefangenhalten. Ich brauche nur mein geistiges Auge zu öffnen, und schon versinkt alles um mich herum, und ich bin in einer anderen Welt. In jener Sphäre schaue ich den unendlichen Gott. Diesen Zustand erreicht man durch den richtigen Ausgleich zwischen Tätigkeit und Meditation. Unermüdliche Tätigkeit ist nötig – nicht zu eigennützigen Zwecken, sondern aus dem Wunsch heraus, Gott zu dienen. Und genauso wichtig sind die täglichen Bemühungen, Ihn in tiefer Meditation zu erkennen.

Weltliche Pflichten und Gottsuche in Einklang miteinander bringen

Auch wenn euch das tägliche Leben sehr beschäftigt hält, ist das keine Entschuldigung dafür, Gott zu vergessen. Ein Gottsucher auf dem geistigen Weg hat sogar mehr Prüfungen zu bestehen als andere, die ein weltliches Leben führen; gebraucht eure weltlichen Verpflichtungen also nicht als Ausrede, um Gott zu ignorieren.

Wie man den Weg findet, der zum Sieg führt

Ihr dürft Gott nicht wegen eurer Arbeit vernachlässigen – und die Arbeit nicht wegen Gott. Ihr müßt den richtigen Ausgleich zwischen beiden finden. Meditiert jeden Tag und denkt an Gott, während ihr euren weltlichen Verpflichtungen nachgeht. Tut alles aus dem Wunsch heraus, Ihm Freude zu bereiten. Wenn ihr für Gott tätig seid, werden eure Gedanken immer bei Ihm sein, ganz gleich, welche Aufgaben ihr zu erfüllen habt.

Bei dem schwierigen Kampf, den richtigen Ausgleich zwischen Meditation und Tätigkeit zu finden, hilft uns die Vergegenwärtigung Gottes am meisten. Alles, was ich im Gedanken an Gott tue, wird Meditation. Wer die Gewohnheit hat zu trinken, kann auch arbeiten, während er unter dem Einfluß von Alkohol steht. Wenn ihr also die Gewohnheit habt, euch an Gott zu berauschen, könnt ihr auch arbeiten, ohne die innere göttliche Verbundenheit einzubüßen. Im Zustand tiefer Meditation, wenn euer Bewußtsein alles andere abgeschaltet hat und

Erfolg im Leben

ihr eins mit dem Bewußtsein Gottes werdet, kann kein ablenkender Gedanke die Schwelle eurer Erinnerung überschreiten. Dann befindet ihr euch an Gottes Seite hinter der eisernen Festung eurer Konzentration und Hingabe, in die weder Götter noch Kobolde einzudringen wagen. Das ist der herrlichste aller Siege.

Zieht euch hin und wieder von allen zurück, damit ihr mit Gott allein sein könnt. Kommt dann mit niemandem zusammen. Übt euch in der Innenschau, beschäftigt euch mit geistigem Studienmaterial und meditiert. Nachts ist die beste Zeit dazu. Vielleicht meint ihr, daß ihr eure Gewohnheiten unmöglich ändern könntet, daß ihr dies nie alles schaffen würdet, weil so viele Pflichten eure Zeit in Anspruch nehmen. Die Nacht gehört euch aber ganz, deshalb gibt es keine Entschuldigung dafür, Gott nicht zu suchen. Habt keine Angst, daß es eurer Gesundheit schaden könnte, wenn ihr ein wenig Schlaf einbüßt. Durch tiefe Meditation werdet ihr eine stabilere Gesundheit erlangen.

Wie man den Weg findet, der zum Sieg führt

Zu einer bestimmten Zeit am Abend sind meine Gedanken gar nicht mehr mit der Welt verbunden; alles ist innerlich von mir abgefallen. Schlaf hat keine große Bedeutung in meinem Leben. Abends versuche ich, so wie andere, müde zu werden. Ich rede mir ein, daß ich jetzt schlafen will; aber dann erscheint ein großes Licht, und jeder Gedanke an Schlaf entschwindet. Ich vermisse den Schlaf nie. In diesem ewig wachen Zustand gibt es keinen Schlaf. Die Freude göttlicher Weisheit ist viel erfrischender für das Bewußtsein.

Ich erlebe das Drama Gottes so wie niemand sonst – ausgenommen solche Menschen, denen Er sich offenbart hat. Ich bin ein Teil dieses Weltendramas und stehe dennoch abseits. Ich sehe euch alle als Schauspieler in diesem kosmischen Drama. Gott ist der Regisseur. Obgleich euch bestimmte Rollen übertragen worden sind, hat Er euch nicht zu Automaten gemacht. Er verlangt, daß ihr eure Rollen verständig und voller Aufmerksamkeit

Erfolg im Leben

spielt und wißt, daß ihr es nur für Ihn tut. So solltet ihr immer denken. Gott hat euch bestimmte Aufgaben in dieser Welt übertragen: Ob ihr nun ein Geschäftsmann oder eine Hausfrau oder ein Arbeiter seid, spielt eure Rolle, um Ihm allein Freude zu machen. Dann werdet ihr über alle Leiden und Begrenzungen dieser Welt siegen. Wer Gott im Herzen trägt, hat alle machtvollen Engel an seiner Seite. Niemand kann seinen Sieg aufhalten.

Wenn ihr als Blinde durch das Tal des Lebens wandert und in der Dunkelheit immer wieder stolpert, braucht ihr jemanden, der Augen hat und euch helfen kann. Ihr braucht einen Guru. Einem Erleuchteten zu folgen, ist die einzige Methode, die einem aus dem Wirrwarr dieser Welt heraushilft. ... Der wahre Weg zur Freiheit ist der Weg des Yoga, der Weg wissenschaftlicher Selbstprüfung; und dabei müßt ihr jemandem folgen, der das Dickicht der Theologie durchquert hat und euch sicher zu Gott führen kann. ...

Wie man den Weg findet, der zum Sieg führt

Gott zu gewinnen ist der höchste Sieg

Denkt deshalb nie, daß ihr euch nicht ändern oder bessern könntet. Unterzieht euch jeden Abend einer Selbstprüfung und meditiert tief. Betet zu Ihm: »Herr, zu lange schon habe ich ohne Dich gelebt. Ich habe das Spiel mit meinen Wünschen satt. Was soll nun aus mir werden? Ich muß Dich finden. Komm mir zu Hilfe. Brich Dein Gelübde des Schweigens. Leite Du mich.« Er mag zehnmal nicht antworten; dann aber, wenn ihr es am wenigsten erwartet, wird Er zu euch kommen. Er kann nicht immer fernbleiben. Solange ihr von unlauterer Neugierde getrieben werdet, wird Er nicht erscheinen; aber wenn ihr völlig aufrichtig seid, wird Er bei euch sein, ganz gleich, wo ihr euch befindet. Es ist wirklich all eure Anstrengungen wert!

Abgeschiedenheit ist der Preis, den man für wahre Größe zahlen muß. Geht nicht zu oft unter die lärmende Menge. Lärm und ruhelo-

Erfolg im Leben

se Tätigkeit peitschen die Nerven auf. So gelangt man nicht zu Gott. Das ist der Weg, der zum Untergang führt; denn alles, was euch den Frieden raubt, lenkt euch von Gott ab. Wenn ihr still und ruhig seid, ist Gott bei euch. Ich versuche oft allein zu sein; aber auch wenn ich unter vielen Menschen bin, finde ich Zuflucht in meiner Seele – wie in einer einsamen Höhle! Aller Lärm auf Erden verstummt, wenn ich mich in die Höhle des Friedens zurückziehe, und die Welt versinkt um mich herum. Wenn ihr dieses Reich des Innern noch nicht gefunden habt, solltet ihr keine Zeit mehr vergeuden. Wer wird euch erlösen? Nur ihr selbst könnt es tun. Verliert deshalb keine Zeit mehr.

Selbst wenn ihr Gebrechen habt, wenn ihr blind, taub, stumm und von aller Welt verlassen seid, gebt nicht auf! Betet zu Ihm: »Herr, ich kann nicht in Deinen Tempel gehen, weil meine Augen und meine Glieder mir den Dienst versagen, aber mit all meinen Gedanken bin ich immer bei Dir.« Dann neigt sich Gott zu

Wie man den Weg findet, der zum Sieg führt

euch herab und sagt: »Mein Kind, die Welt hat dich aufgegeben, aber Ich nehme dich in Meine Arme. In Meinen Augen hast du gesiegt.« Ich lebe jeden Tag im herrlichen Bewußtsein Seiner Gegenwart und fühle mich auf wunderbare Weise von allem losgelöst. Selbst wenn ich versuche, mir etwas Besonderes zu wünschen, hat sich mein Bewußtsein bereits davon gelöst. Der GEIST ist meine Nahrung; der GEIST ist meine Freude; der GEIST ist mein Gefühl; der GEIST ist mein Tempel und meine Zuhörerschaft; der GEIST ist meine Bibliothek, aus der ich meine Inspiration schöpfe; der GEIST ist meine Liebe und mein Geliebter. Der Geist Gottes erfüllt all meine Wünsche, denn in Ihm finde ich alle Weisheit, alle Liebe der Liebenden, alle Schönheit und alles andere. Dann habe ich keinen anderen Wunsch, keine andere Sehnsucht mehr als Gott. Alles, was ich je suchte, habe ich in Ihm gefunden. Und auch ihr werdet es in Ihm finden.

Erfolg im Leben

Jede geistige Bemühung ist ein bleibendes Geschenk an die Seele

Vergeudet keine Zeit mehr; denn wenn ihr euren körperlichen Wohnsitz wechseln müßt, wird viel Zeit vergehen, bis ihr wieder Gelegenheit habt, Gott aufrichtig zu suchen. Zunächst müßt ihr wiedergeboren werden und den hilflosen Zustand der Kindheit und die Ruhelosigkeit der Jugend durchleben. Warum also eure Zeit an nutzlose Wünsche verschwenden? Ist es nicht töricht, euer ganzes Leben lang danach zu trachten, Dinge zu erwerben, die ihr im Augenblick des Todes wieder hergeben müßt? Auf diese Weise findet ihr niemals wahres Glück. Doch jede eurer Bemühungen, zu meditieren und mit Gott in Verbindung zu treten, bringt eurer Seele bleibenden Gewinn. Beginnt jetzt damit – ihr alle, die ihr Gott wirklich liebt und nicht nach eigenem Ruhm trachtet, sondern nach der Herrlichkeit des GEISTES.

Jeder von euch muß sich um seinen eigenen

Wie man den Weg findet, der zum Sieg führt

Sieg bemühen. Seid fest entschlossen zu siegen! Ihr braucht keine Armee und kein Geld und keine materiellen Hilfsmittel, um den höchsten aller Siege zu erringen; ihr braucht nichts als die feste Entschlossenheit zum Sieg. Ihr müßt nur eines tun: still meditieren und mit dem Schwert der Unterscheidungskraft einen ruhelosen Gedanken nach dem anderen köpfen. Wenn sie alle getötet sind, gehört euch Gottes Reich, in dem Ruhe und Weisheit regieren.

Jeder von euch, der diese Predigt gehört hat und aufrichtig bemüht ist, sich zu ändern, wird tiefere Verbundenheit mit Gott erleben und in Ihm den wahren und dauerhaften geistigen Sieg erringen.

ÜBER DEN AUTOR

PARAMAHANSA YOGANANDA (1893 – 1952) gilt weltweit als eine der überragenden geistigen Persönlichkeiten unserer Zeit. Er war aus Nordindien gebürtig und reiste 1920 in die Vereinigten Staaten, wo er über dreißig Jahre lang die altehrwürdige indische Wissenschaft der Meditation sowie die Kunst eines ausgeglichenen geistigen Lebens lehrte. Durch seine begeistert aufgenommene Lebensgeschichte, die *Autobiographie eines Yogi*, und seine zahlreichen anderen Bücher hat Paramahansa Yogananda Millionen von Lesern in die unsterbliche Weisheit des Ostens eingeführt. Unter der Leitung einer seiner ersten und engsten Jüngerinnen, Sri Daya Mata, wird sein geistiges und humanitäres Werk von der internationalen Gesellschaft *Self-Realization Fellowship* weitergeführt, die er 1920 gründete, damit sie seine Lehren in aller Welt verbreite.

Ebenfalls bei der Self-Realization Fellowship erschienen:

AUTOBIOGRAPHIE EINES YOGI
von Paramahansa Yogananda

Diese Autobiographie, die großen Anklang gefunden hat, ist zum einen das faszinierende Lebensbild einer außergewöhnlichen Persönlichkeit und bietet zum anderen eine tiefe Einsicht in die letzten Geheimnisse des menschlichen Daseins. Schon bei seinem ersten Erscheinen wurde dieses Werk als Meilenstein der geistigen Literatur bezeichnet und ist noch immer eines der am meisten gelesenen und geschätzten Bücher, die je über die Weisheit des Ostens geschrieben wurden.

Mit gewinnender Offenheit, Erzählkunst und köstlichem Humor schreibt Paramahansa Yogananda seine inspirierende Lebensgeschichte – schildert die Erlebnisse seiner ungewöhnlichen Kindheit, Begegnungen mit vielen Heiligen und Weisen während seiner Jugendjahre, als er in ganz Indien nach einem erleuchteten Lehrer suchte, seine zehnjährige Schulung in der Einsiedelei eines verehrungswürdigen Yoga-Meisters und seinen 30jährigen Aufenthalt in Amerika, wo er seine Lehre verbreitete. Außerdem berichtet er über seine Begegnungen mit Mahatma Gandhi, Rabindranath Tagore, Luther Burbank, der katholischen Stigmatisierten Therese Neumann und anderen berühmten geistigen Persönlichkeiten aus Ost und West. Das Buch enthält auch ausführliche Texte, die er nach der ersten Auflage von 1946 hinzufügte, sowie ein abschließendes Kapitel über seine letzten Lebensjahre.

Das Buch, das als ein spiritueller Klassiker unserer Zeit gilt, bietet eine tiefgründige Einführung in die alte Yoga-Wissenschaft. Es ist in viele Sprachen übersetzt worden und dient weitgehend als Nachschlagewerk in Hochschulen und Universitäten. Als ständiger Bestseller hat das Buch seinen Weg in die Herzen von Millionen Lesern in aller Welt gefunden.

»Ein außergewöhnlicher Bericht.«
— **The New York Times**

»Eine faszinierende und klar kommentierte Studie.«
— **Newsweek**

»Auf den Seiten dieser von unvergleichlichem und scharfem Geist gestalteten Darstellung eines faszinierenden Lebens wird ein Menschenbild von einer so ungeheuerlichen Größe offenbar, daß es den Leser von der ersten bis zur letzten Seite atemlos in Bann hält ... Man möchte dieser bedeutenden Biographie die Kraft zusprechen, eine geistige Reformation auszulösen.«
— **Schleswig-Holsteinische Tagespost**

ANDERE BÜCHER VON PARAMAHANSA YOGANANDA

Erhältlich in Buchhandlungen oder direkt beim Verlag

Autobiographie eines Yogi

Die ewige Suche des Menschen

Das Vermächtnis des Meisters

Der Wein des Mystikers
Die Rubaijat des Omar Chajjam – eine geistige Deutung

Religion als Wissenschaft

Flüstern aus der Ewigkeit

Lieder der Seele

Worte des Meisters

Wissenschaftliche Heilmeditationen

An der Quelle des Lichts
*Einsichten und Inspirationen,
um den Herausforderungen des Lebens zu begegnen*

Aus der Quelle der Seele
Wege zum erfolgreichen Beten

Wege zum inneren Frieden
Ruhige Tätigkeit – tätige Ruhe

Zwiesprache mit Gott

Meditationen zur Selbst-Verwirklichung

Das Gesetz des Erfolges

Kosmische Lieder

Lehrbriefe der Self-Realization Fellowship

Die von Paramahansa Yogananda gelehrten wissenschaftlichen Meditationstechniken, einschließlich des *Kriya-Yoga*, sowie seine Ratschläge für ein ausgeglichenes Leben sind in den *Lehrbriefen der Self-Realization Fellowship* zusammengefaßt worden. Weitere Auskunft hierüber finden Sie in der Broschüre *Ungeahnte Möglichkeiten*, die Ihnen auf Wunsch zugesandt wird. Wenden Sie sich bitte an:

Self-Realization Fellowship
3880 San Rafael Avenue
Los Angeles, CA 90065-3298
Tel.: (323) 225-2471
Fax: (323) 225-5088
http://www.yogananda-srf.org

oder

Gemeinschaft der Selbst-Verwirklichung
Laufamholzstraße 369
D-90482 Nürnberg
Tel.: 0911/50 10 87
Fax: 0911/5 04 83 17